DR. RUTH K. WESTHEIMER,
ALLISON GILBERT & PIERRE LEHU

Vom Glück der Verbundenheit

Dr. Ruth K.
WESTHEIMER
Allison Gilbert & Pierre Lehu

Vom Glück der Verbundenheit

100 WEGE
AUS DER EINSAMKEIT

ERKENNTNISSE AUS
MEINEN ERSTEN 96 JAHREN

Aus dem Englischen von Ulrike Strerath-Bolz

ARISTON

Die Originalausgabe erschien 2024 unter dem Titel *The Joy of Connections*
bei Rodale Books, an imprint of Random House, a division of
Penguin Random House LLC, New York.

Bibliografische Information der Deutschen Bibliothek

Die Deutsche Bibliothek verzeichnet diese Publikation in
der Deutschen Nationalbibliografie; detaillierte bibliografische Daten
sind im Internet unter www.dnb.de abrufbar.

FSC
www.fsc.org
MIX
Papier | Fördert
gute Waldnutzung
FSC® C014496

Penguin Random House Verlagsgruppe FSC® N001967

Aus dem Englischen von Ulrike Strerath-Bolz

Redaktion: Jürgen Bolz
Umschlaggestaltung: Nele Schütz Design
unter Verwendung eines Motivs von Shutterstock (Bibadash)
und eines Fotos von © Austin Hargrave/Hulu
Satz: Satzwerk Huber, Germering
Druck und Bindung: GGP Media GmbH, Pößneck
Printed in Germany

ISBN: 978-3-424-20303-5

Für Miriam, Joel und ihre Familien – RW
Für Mark, Jake und Lexi – AG
Für Joanne – PL

Nicht gut ist, dass der Mensch allein sei.
(1. Mose 2,18)

Inhalt

Einleitung

Wenn wir von Einsamkeit reden, geht es um die Qualität von Verbindungen in Ihrem Leben, nicht um die Quantität.

Anders als das Alleinsein, das durchaus angestrebt werden und friedvoll sein kann, entsteht Einsamkeit aus einem Gefühl sozialer Isolation. Sie können von morgens bis abends von Menschen umgeben sein, doch wenn Sie das Gefühl haben, unsichtbar und bedeutungslos zu sein, werden Sie sich wahrscheinlich einsam fühlen. Ähnlich verhält es sich, wenn Sie glauben, dass Sie niemanden haben, den Sie im Notfall anrufen können oder der Ihre Blumen gießt, solange Sie in Urlaub fahren. Auch dann fühlen Sie sich möglicherweise sehr verlassen und isoliert.

Einsamkeit tut deshalb so weh, weil Menschen von Natur aus soziale Wesen sind und weil unsere Gesundheit von Beziehungen abhängt. Wenn wir einsam sind, kann das gravierende gesundheitliche Folgen haben. Einsamkeit wird mit einem erhöhten Risiko für Schlaganfall, Verwirrtheit und Gedächtnisverlust sowie Herz-Kreislauf-Erkrankungen in Verbindung gebracht. Sie kann Ihre Lebensdauer ebenso sehr verkürzen, wie wenn Sie fünfzehn Zigaretten am Tag rauchen, und sie kann schädlicher sein als ein bewegungsarmer Lebensstil und deutliches Übergewicht.

Doch Einsamkeit ist subjektiv. Sie ist ein *Gefühl.* Und weil sie ein Gefühl ist, können wie einiges tun, um sie zu lindern.

Sie können selbst die Entscheidung treffen, nicht mehr einsam zu sein. Sie können Beziehungen anstreben und pflegen, die dafür sorgen, dass Sie sich als etwas Besonderes und als wertgeschätzt empfinden. Ich möchte, dass Sie das wissen: Es ist möglich, einen erfüllenderen, reicheren Weg einzuschlagen, und zwar jetzt.

Ich weiß das aus der Erfahrung meines eigenen Lebens und meiner Arbeit heraus. Und genau deshalb kann ich selbst in meinem Alter von 96 Jahren nicht faul herumsitzen und zusehen, wenn so viele Menschen leiden. Wenn Sie im Sumpf der Einsamkeit feststecken, haben Sie vielleicht das Gefühl, Sie könnten da unmöglich wieder herauskommen. Nehmen Sie meine Hand, dann kann ich Sie aus der Murke ziehen.

Als die Gouverneurin von New York State, Kathy Hochul, mich zur ersten Ambassador to Loneliness in der Geschichte der Vereinigten Staaten ernannte, hätte sie auch jemanden mit besserer Qualifikation finden können. Denn die Einsamkeit war mein ganzes Leben lang mein Bettgefährte.

Ich habe Einsamkeit erlebt, als ich im Alter von zehn Jahren von meiner Familie getrennt wurde, flüchten musste und meine Eltern und Großeltern nie wiedersah. Ich kenne die Einsamkeit, die Krankheit und Behinderungen mit sich bringen; jene Einsamkeit, die über einem zusammenschlägt, wenn der Körper von einem Schrapnell getroffen wurde und man bei einem Bombenangriff schwer verletzt wird, einen Teil seines Fußes verliert und nicht daran zweifelt, dass man jetzt gleich sterben wird. Und ich habe auch die Einsamkeit kennengelernt, anders zu sein und zu wissen, dass man daran nichts ändern kann. Meine geringe Körpergröße von knapp einem Meter vierzig war in Late-Night-Shows immer eine Pointe wert, und mit Sicherheit hat sie mir beruflich geholfen, da ich kleiner war als fast alle anderen. Doch sie isoliert mich auch zutiefst von anderen Menschen. Oft habe ich gedacht, dass mich kein Mann jemals begehren würde und dass ich nie heiraten würde. Doch ich habe geheiratet, sogar drei Mal. Die ersten beiden Ehen wurden irgendwann geschieden, aber die dritte mit Fred Westheimer hat 35 Jahre überdauert, bis er starb. Er war meine große Liebe.

Ich verrate Ihnen ein Geheimnis: Meine persönlichen Erfahrungen mit Einsamkeit sind nicht der einzige Grund, warum ich zum Ambassador to Loneliness ernannt wurde. Tatsächlich hatte ich regelrecht Wahlkampf betrieben. Ich wollte diese Rolle haben, weil ich wusste, dass mein Hintergrund als Sextherapeutin mich in einzigartiger Weise dafür qualifizierte, anderen Menschen beim Überwinden ihrer Einsamkeit zu helfen. Sexuelle Dysfunktion und Einsamkeit sind beide gleichermaßen stigmatisierend. Niemand gibt gern zu, dass er Schwierigkeiten im Bett hat. Und niemand freut sich, wenn er gestehen muss, dass er zu wenige verlässliche Freunde hat. Die beiden Probleme sind durch die Scham miteinander verbunden. Und ich wollte anderen Menschen immer helfen, die Scham zu überwinden. Denken Sie mal an die 1980er Jahre, an die vollkommen vermeidbaren Demütigungen, die schwule Menschen während der Aids-Krise erlebten. Auch deshalb habe ich immer so offen über Homosexualität gesprochen und alle Ausdrucksformen der Liebe willkommen geheißen. Während der damaligen Epidemie habe ich mir große Mühe gegeben, das Reden über Sex und Zusammengehörigkeit zu verändern. Auch deshalb weiß ich: Wir müssen offen über Einsamkeit reden, ohne Scham und ohne Beschönigung, damit die Menschen, die darunter leiden, zu wenige Verbindungen zu anderen zu haben, sich weniger allein fühlen.

Heute ist Einsamkeit eine weithin bekannte Epidemie. Es gibt wissenschaftliche Studien und Bücher dazu, und auch die Medien beschäftigen sich mit dem riesigen Ausmaß dieses Problems. Ich begrüße und beglückwünsche alle, die diese Arbeit leisten. Doch wie schon erwähnt: Ich habe eine andere und meines Erachtens sehr notwendige Perspektive zu bieten. Dies ist kein Buch darüber, wie unsere Gesellschaft an einen so schmerzhaften und gefährlichen Punkt gekommen ist. Hier soll auch nicht über die staatlichen Bemühungen gesprochen werden, die Krise zu überwinden (obwohl U.S. Surgeon General Dr. Vivek Murthy einige wichtige Strategien beschreibt, mit deren Hilfe man sich stärker sozial verbunden fühlen kann).

Ich bin meiner Ausbildung nach Verhaltenstherapeutin. Im Umgang mit meinen Klienten bin ich nie lange in ihre Vergangenheit eingetaucht und habe auch nie versucht, die Wurzel ihrer sexuellen Probleme zu finden. Das überlasse ich Psychologen und Psychiatern. Meine Arbeit war wesentlich direkter und schneller. Ich half einfach allen, die zu mir kamen – oder mir im Radio zuhörten beziehungsweise mich im Fernsehen sahen –, besseren Sex zu haben, indem sie ihr Verhalten in Bezug auf Sex veränderten. Und genauso gehe ich in diesem Buch vor. Wenn Sie einsam sind, brauchen Sie praktischen Rat, um diese Geißel zu besiegen. Und diesen Rat bekommen Sie von mir.

Dieses Buch bietet Ihnen einen direkten Weg aus der Einsamkeit hinaus an. Einhundert konkrete Ideen und Gelegenheiten, mit denen Sie sofort etwas anfangen können. Meine Ratschläge beruhen auf Taktiken, die ich selbst und in meiner Praxis benutzt habe, auch mit Menschen, die sehr einsam waren. Außerdem beziehe ich mich auf die Lehren des Organisationspsychologen und Wharton-Professors Adam Grant; der Gründungsdirektorin der MIT Initiative on Technology and Self, Sherry Turkle; und der Bestsellerautorin und Podcasterin Gretchen Rubin (*Happier*) sowie einiger anderer Personen.

Doch ich will Ihnen nicht nur Ratschläge geben. Ich werde mein Bestes tun, um Sie dazu zu bringen, meine Ratschläge auch anzunehmen.

Ich bin Ihr Cheerleader, Ihr Coach und Ihr Drill Sergeant, alles in einem. Und wer mich kennt, weiß ohnehin: Wenn ich etwas will, dann will ich es sofort, am liebsten schon gestern. Selbstverständlich gibt es Dinge, auf die man warten muss, doch ich habe in meinem Leben immer wieder eines festgestellt: Geduldiges Warten heißt nur allzu oft, dass man nicht bekommt, was man sich wünscht. Und da es nun mal ein gewisses Maß an Chuzpe braucht, um in dieser Welt zurechtzukommen, müssen wir auch mit einer gewissen Chuzpe an das Problem Einsamkeit herangehen. Denn Einsamkeit ist zwar eine schreckliche Sache, das weiß ich so gut wie jeder andere. Doch sie lässt sich auch besiegen. Ich würde niemals behaupten, dass das einfach ist, aber ich bin felsenfest davon überzeugt, dass es möglich ist.

Dr. Ruths Speiseplan für mehr Verbundenheit

Kennen Sie den bunten Teller, den das U.S. Department of Agriculture benutzt, um uns zu erklären, welche Lebensmittel zu einem gesunden Lebensstil gehören? Einen ähnlichen Ansatz verfolgt mein Speiseplan für mehr Verbundenheit, denn er stellt die Bereiche unseres Lebens dar, die am meisten Sorgfalt und Aufmerksamkeit brauchen, damit wir bedeutsame Beziehungen aufbauen und pflegen können. Diesen einfachen Rahmen habe ich entwickelt, um Jahrzehnte wissenschaftlicher Forschung über den Zusammenhang von Verbundenheit und Glück in Ratschläge zu übersetzen, die Sie jetzt sofort anwenden können.

Statt Früchten, Getreide, Gemüse, Eiweiß und kleinen Portionen von Milchprodukten sind es bei mir einhundert ermächtigende Ideen und Strategien, von denen ich 88 in fünf Kategorien eingeteilt habe: »Das Ich«, »Familie«, »Freunde und Geliebte«, »Gemeinschaft« und eine kleine Portion »Technologie«. Jede dieser Kategorien stellt ein unverzichtbares Element unseres Speiseplans dar. Die noch übrigen zwölf Strategien finden Sie im »Monatskalender«. Sie beziehen sich auf bestimmte Zeiten im Jahr mit besonderen Gelegenheiten, um Freude und Beziehungen aufzubauen.

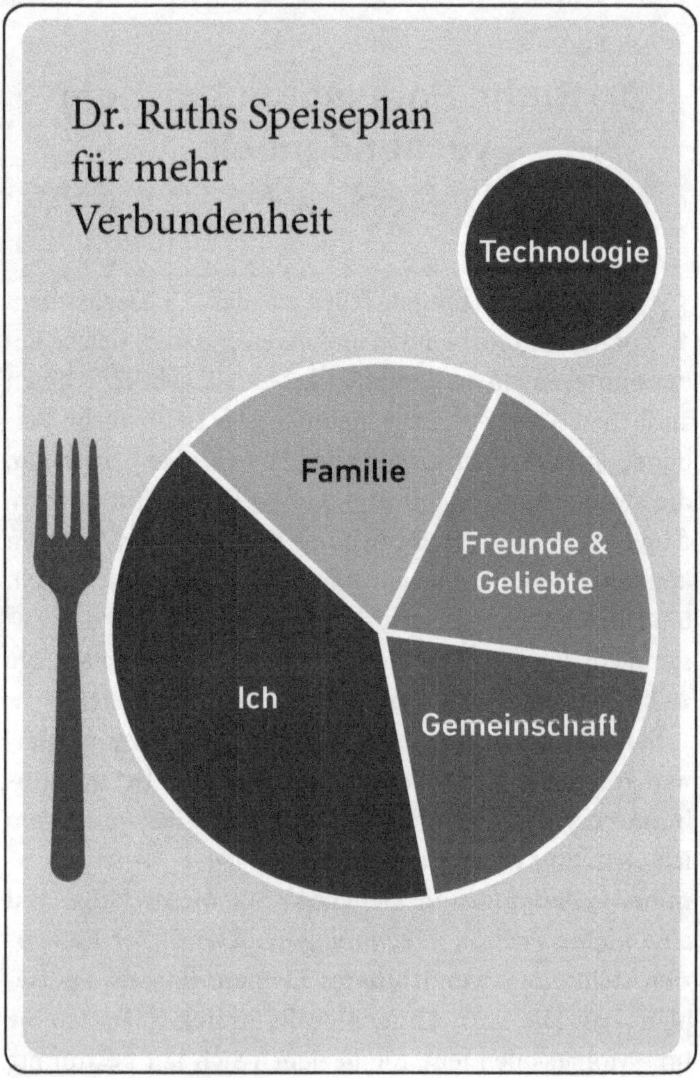
Dr. Ruths Speiseplan
für mehr
Verbundenheit
Technologie
Familie
Freunde &
Geliebte
Ich
Gemeinschaft

Zu Beginn jedes Kapitels werde ich einen Bestandteil des Speiseplans erklären. Doch ich weise gleich hier auf einen wichtigen Umstand hin: Das größte Stück, das mit den meisten Möglichkeiten, ist mit »Ich« bezeichnet. Wenn Sie mit Einsamkeit zu kämpfen haben und bereit sind, positive Veränderungen in Ihrem Umgang mit anderen Menschen zuzulassen, müssen Sie erst einmal bestimmen, was an Ihrer Weltsicht oder Ihrem Verhalten dafür gesorgt hat, dass Sie sich in sich selbst zurückgezogen haben oder andere Menschen ablehnen. Diese Bestimmung ist nicht einfach, doch die Chance, dass Ihre Beziehungen aufblühen, ist wesentlich größer, wenn Sie sich diese Mühe machen.

Einsamkeit ist eine individuelle Erfahrung, und mir ist klar, dass nicht jede einzelne Seite in diesem Buch etwas in Ihnen zum Klingen bringt. Was für Sie ganz selbstverständlich ist, kann für andere erhellend und lebensverändernd sein. Einige Konzepte sprechen Menschen an, die Hilfe brauchen, um Verbindungen überhaupt zu finden und herzustellen. Andere sind für Individuen gemacht, die bereits über Verbindungen verfügen, aber Hilfe brauchen, um sie zu vertiefen. Ich hoffe einfach, dass Sie das mitnehmen, was Sie brauchen, und Ihre Beziehungen auf der Grundlage unseres Speiseplans verwandeln.

Also: An die Arbeit!

Das Ich

Es mag Ihnen so vorkommen, als wären alle anderen um Sie herum ganz erfüllt von ihren Beziehungen. Doch die Wahrheit ist: Die meisten Menschen erleben an irgendeinem Punkt in ihrem Leben Einsamkeit. Machen Sie sich das klar. Höchstwahrscheinlich hat jede Person, die Sie kennen, alle Menschen in Ihrer Nachbarschaft, jeder, dem Sie auf der Straße begegnen, den Schmerz der Einsamkeit schon gespürt. Eine kürzlich ausgewertete Meta-Gallup-Studie zeigt, dass fast ein Viertel aller Erwachsenen weltweit – befragt wurden mehr als eine Milliarde Menschen – sich nicht vollständig verbunden mit anderen fühlt.

Seit Dr. Vivek Murthy, der Leiter des staatlichen Gesundheitswesens in den USA, die Einsamkeit zur Epidemie erklärt hat, gibt es jede Menge Aktivitäten, die Menschen helfen sollen, sich weniger allein zu fühlen. Per Gesetz richtete der Kongress das Office of Social Collection Policy ein, das den Präsidenten beraten soll. Die Weltgesundheitsorganisation hat eine eigene Kommission für soziale Verbundenheit ins Leben gerufen. Bürgermeisterinnen und Bürgermeister quer durch die Vereinigten Staaten fordern finanzielle Mittel, um mehr Programme zur Förderung der mentalen Gesundheit in ihren Kommunen unterstützen zu können und entsprechende Stellen zu schaffen. Und die Gouverneurin des US-Bundesstaates New York, Kathy Hochul, hat mich, wie schon erwähnt, zum Ambassador to Loneliness ernannt.

Ich habe meine Familie im Holocaust verloren und mich aus diesem Grund entsetzlich einsam gefühlt. Zwar habe ich selbst irgendwann eine klassische Familie gegründet und einen Lebenspartner gefunden, zwar habe ich Kinder und Enkelkinder, doch ich habe immer danach gestrebt, eine größere »Wahlfamilie« um mich zu scharen. Diese Bindungen habe ich mit großer Zielstrebigkeit ausgewählt, ich habe mir große Mühe gegeben, diese Freunde zu finden und untereinander zu verbinden. Und indem ich das tat, wurde ich weniger einsam.

Doch es war schwer, an diesen Punkt zu gelangen. Ich bin in einem Waisenhaus aufgewachsen und war jede Minute des Tages mit anderen Kindern zusammen. Es gab überhaupt keine Privatsphäre. Und doch gestand ich am 12. Juli 1945 meinem Tagebuch:

Mehr als alles andere, sehne ich mich nach einem Freund.

Und am nächsten Tag schrieb ich:

Ich lebe mit 150 Menschen zusammen – und bin allein.

Heute weiß ich etwas, was mein damaliges siebzehnjähriges Ich noch nicht verstand: Einsamkeit hat nichts mit der Zahl der Menschen zu tun, die uns umgeben. Wenn wir nicht vollständig verbunden sind, wenn unsere Interaktionen keine Substanz besitzen, werden wir uns wahrscheinlich unbedeutend und ungesehen fühlen. Doch Sie können die Einsamkeit in die Knie zwingen. Ich habe es selbst erfahren: Einsamkeit ist keine tödliche Krankheit, sondern heilbar.

Nach meiner Ansicht liegt der Schlüssel, den Sie brauchen, um Ihr Leben von der Einsamkeit zu befreien, in Ihnen selbst. Als Therapeutin habe ich vielen Klientinnen und Klienten gegenübergesessen, die sehr reale Härten und Behinderungen erlebten, und ich habe den meisten von ihnen helfen können. Doch ich konnte die Veränderungen, die sie brauchten, nicht an ihrer Stelle vornehmen, ich konnte die Ratsuchenden nur anleiten. Therapeuten sind Experten im Ratgeben. Doch das Handeln ist Sache des Individuums, das einen neuen Weg sucht.

Allerdings bereitet eine Veränderung von Verhaltensmustern echte Mühe. Genau deshalb nimmt die Kategorie »Ich« den meisten Platz auf meinem Speiseplan ein. Sie müssen auf Ihre Gedanken, Gefühle und Taten achten, denn sie sind es, die Sie von den Verbindungen fernhalten, die Sie sich am meisten wünschen. Selbsterkenntnis führt zu Bewältigungsstrategien und Lösungen, baut Ihre Selbstachtung und Ihr Selbstvertrauen auf und erleichtert die Kommunikation mit anderen. Das brauchen Sie, um gesunde Beziehungen zu pflegen und aufrechtzuerhalten. Reflexion hilft Ihnen, Bereiche zu identifizieren, in denen Verbesserung nötig ist, und Ihrem Ziel entgegenzugehen.

Konzentrieren wir also zu Beginn unsere Aufmerksamkeit auf den wahrscheinlich schwierigsten und unangenehmsten Punkt – den Punkt, wo der Erfolg ganz in Ihrer Hand liegt: bei Ihnen selbst. Der erste Schritt, um ein Problem zu beheben, besteht darin, zuzugeben, dass es existiert. Wenn Sie unter Einsamkeit leiden, gibt es eine hervorragende Art, sich diesem Problem im wahrsten Sinne des Wortes zu stellen. Stellen Sie sich vor einen Spiegel und sprechen Sie es laut aus. Vielleicht kommen Sie sich dabei albern vor, vielleicht müssen Sie auch weinen, doch erst, wenn Sie das Problem offengelegt haben, wird es Ihnen gelingen, die notwendigen Veränderungen vorzunehmen, um weniger einsam zu sein. Dass Sie dieses Buch lesen, beweist mir, dass Sie wissen, was Ihnen Schmerzen bereitet, und offen für Lösungen sind. Ich zweifle nicht daran, dass Sie auf dem besten Wege sind, genau die Verbindungen herzustellen, die Sie sich so sehr wünschen!

Ich habe in meinem Leben vor vielen schwierigen Herausforderungen gestanden – das werden Sie noch sehen, wenn Sie weiterlesen. Bei einem Besuch in Paris, wo ich in den frühen 1950er Jahren an der Sorbonne Psychologie studiert habe, sah ich in einem Geschäft ein leuchtend rotes Werbeschild, das mir sofort ins Auge sprang. Darauf stand in strahlend goldener Schrift auf Englisch: »It CAN be done«. Ich habe das Schild nicht gekauft, der Ladenbesitzer hat es mir später geschenkt und zugeschickt. Er hatte bemerkt, wie sehr ich es bewunderte. Das Schild ist nun schon seit mehr als vierzig Jahren mein Schatz. Immer, wenn ich den Mut verliere, schaue ich es an.

Wo liegt der Unterschied zwischen der innerlichen Klage darüber, dass Sie einsam sind, und dem lauten Aussprechen? Als langjährige Therapeutin kann ich Ihnen versichern, dass bei allen meinen Klienten die Heilung in dem Moment begann, wo sie zugaben, dass sie ein Problem hatten. Der Weg, der vor Ihnen liegt, wird schwierig sein, aber gehen Sie weiter. Sie nähern sich dem Punkt, an dem Sie sich weniger allein und isoliert fühlen. *It CAN be done.*

Schließen Sie Frieden mit sich selbst

Sie werden nur dann gesunde Beziehungen führen können, wenn Sie sich erst einmal selbst lieben. Kein Freund, kein Sexualpartner kann die emotionale Schwerstarbeit für Sie tun. Außerdem (und das ist noch schlimmer) kann es sein, dass Sie Mauern um sich herum bauen, so hoch, dass Sie jeden anderen Menschen daran hindern, sie zu überwinden.

Ich schlage Ihnen keine Gehirnwäsche vor, die Ihnen suggeriert, Sie seien ein wunderschönes Model, wenn das nicht auf Sie zutrifft. Ich verlange auch nicht von Ihnen, körperliche oder mentale Behinderungen zu ignorieren, die Ihr Leben schwierig machen. Sie sollen Härten nicht einfach wegschieben. Ich rate Ihnen nur, Schritt für Schritt zu akzeptieren, was an Ihnen anders ist als an anderen Menschen. Erst dann können Sie anfangen, Beziehungen aufzubauen. Damit Ihnen das gelingt – ja, ich weiß, dass ich als lebenslange Therapeutin hier voreingenommen bin –, sollten Sie in Erwägung ziehen, professionelle Hilfe in Anspruch zu nehmen.

Während ich dies schreibe, liebe ich mich tatsächlich selbst, doch es hat lange gedauert, bis ich mich selbst annehmen konnte. Mit siebzehn Jahren, 1945, begann ich mit dem Tagebuch, aus dem ich vorhin zitiert habe. Damals war ich außerordentlich einsam, nicht zuletzt deshalb, weil ich mich absolut unattraktiv fühlte. *Ich bin so klein, dumm und hässlich,* grübelte ich. *Wenn ich eine normale Größe hätte, wäre alles, alles viel einfacher.* Ich war aber nun mal nur einen Meter vierzig groß und damit so weit von der Normalität entfernt, dass es mich viele Jahre später regelrecht schockierte, herauszufinden, dass ich schwanger werden konnte. Bis dahin hatte ich gedacht, es wäre mir biologisch unmöglich, ein Kind zu bekommen. (Mit zwei Kindern und inzwischen vier Enkelkindern bin ich bis heute überglücklich, dass meine Furcht unbegründet war.)

Sollten Sie mit einer Behinderung zu kämpfen haben, wird es Ihnen leichter fallen, sich selbst zu lieben, wenn Sie die gesellschaftlichen Hindernisse erkennen, die es Ihnen schwer machen, Freundschaften zu vertiefen und Sex zu haben. Wenn Sie eine junge Frau sind und Ihre Freundinnen sich schick machen, um zu einer Party zu gehen, können Sie möglicherweise nicht im selben Taxi oder Uber fahren, weil Sie an den Rollstuhl gefesselt sind. Vielleicht gehen Sie auch gar nicht zu dieser Party, weil sie befürchten, mit dem Rollstuhl nicht durch die Menge zu kommen. Und wenn Sie in einem Heim leben, gibt es möglicherweise kein Schloss an Ihrer Tür und deshalb nicht das Maß an Privatsphäre, das für Intimität nötig ist.

Sie müssen Ihre eigene Wirklichkeit akzeptieren. Konzentrieren Sie sich darauf, was Sie einzigartig macht. Mentale und körperliche Unterschiede verringern Ihren

Wert nicht. Erst als ich herausfand, wie schlau ich war und dass ich in der Schule hervorragende Leistungen brachte, wurde mir klar, dass ich trotz meiner geringen Körpergröße liebenswert war. Dasselbe wünsche ich mir auch für Sie.

Ein kritischer Blick auf Ihre Routinen

Selbsteinschätzung ist von entscheidender Wichtigkeit. Wenn Sie nicht ehrlich mit sich selbst sind, werden Sie niemals die Veränderungen schaffen, die Sie sich wünschen und die Ihr Leben so viel besser machen. Das gilt in jedem Fall, ob Sie sich nun nach mehr Freundschaften sehnen oder nach mehr Sex. Je elender Sie sich fühlen, desto nötiger ist es, anzuerkennen, dass Ihre eigenen Entscheidungen wahrscheinlich zu Ihrer Einsamkeit beitragen.

Nehmen wir einmal an, Sie haben einen stressigen Job und schaffen es abends gerade einmal, den Fernseher einzuschalten und irgendeine stumpfsinnige Unterhaltungssendung anzuschauen. Solange Sie schauen, vergessen Sie Ihre Einsamkeit, und das ist eine große Erleichterung. Doch Sie finden keine Freunde, wenn Sie immer nur auf Ihrer Couch sitzen. Passiver Unterhaltungskonsum ist nicht mehr als ein Heftpflaster. Er ist okay, aber er wird nie dafür sorgen können, dass die Einsamkeit verschwindet.

Ich weiß, wie leicht es fällt, in diese wenig hilfreiche, menschenleere Falle zu tappen. Nachdem mein Mann

Fred Westheimer, mit dem ich 35 Jahre verheiratet gewesen war, gestorben war, dachte ich darüber nach, aus der Wohnung auszuziehen, in der wir so viele Jahrzehnte zusammen gelebt hatten. Ich dachte, ein Tapetenwechsel würde dafür sorgen, dass ich ihn nicht mehr so schrecklich vermisste. Doch noch während ich mich nach einem neuen Ort zum Leben umschaute, wurde mir klar, dass mein Gefühl von Einsamkeit nicht weggehen würde, nur weil ich auf andere Wände blickte. Ich würde Fred trotzdem vermissen, nur eben in einer anderen Wohnung. Allmählich begriff ich, dass eine neue Adresse auch nur ein Heftpflaster sein würde. Was ich wirklich brauchte, war etwas ganz anderes: Ich musste mehr darauf achten, wie ich meine Zeit verbrachte. *Ich musste Menschen suchen statt einer neuen Wohnung. Ich sollte Freunde einladen oder abends ausgehen.* Nicht Immobilien, sondern andere Menschen würden mir helfen, mich besser und weniger allein zu fühlen. Und so kam es dann auch.

Wie überzeugen Sie sich also selbst davon, dass ein oder zwei Abende pro Woche, an denen Sie sich an irgendeiner Aktivität beteiligen, Ihnen helfen können, Freunde zu finden oder bestehende Verbindungen zu vertiefen? Dass solche Aktivitäten besser sind als Netflix? Indem Sie sich klarmachen, wie ernst Ihre Situation, Ihre Einsamkeit ist. Indem Sie darauf achten, wie oft Sie sich fürs Alleinsein entscheiden, und sich stattdessen Gelegenheiten zur Verbindung mit anderen suchen. Diese Beobachtungen sollten Ihre Motivation sein, aus dem Haus zu gehen.

Achten Sie auf Ihre Erscheinung

Erinnern Sie sich, dass ich Ihnen gleich zu Beginn dieses Kapitels geraten habe, einen eindringlichen Blick in den Spiegel zu werfen? Dabei ging es zunächst darum, psychologisch einzuschätzen, wo Sie in Sachen Beziehungsaufbau und -pflege stehen. Doch wenn Sie schon dabei sind, betrachten Sie doch gleich auch mal Ihre äußere Erscheinung.

Wenn Sie sehr einsam aussehen – zerzauste Haare, ständig ein mürrisches Gesicht –, wird es Ihnen schwerer fallen, neue Freunde zu finden. Ist es okay, wenn man Sie nur nach Ihrem Aussehen beurteilt? Nein, das ist natürlich nicht okay, aber es ist menschlich. Ihr erster Schritt, um Freunde zu finden, sollte also sein, für ein etwas nahbareres Aussehen zu sorgen.

Als ich eine junge Frau war, verfügte ich nicht über das nötige Geld, um mir viele neue Blusen und Hosen zu kaufen. Außerdem hatte ich zwei Jahre lang in zwei verschiedenen Kibbuzim in Israel gelebt, wo es zum richtigen Gemeinschaftsleben gehörte, sich mehr um das Wohlergehen der Gruppe zu kümmern als um sich selbst. Und das betraf auch die Kleidung. Doch im Laufe der 1980er Jahre erlangte ich eine gewisse Bekanntheit, nachdem meine Radiosendung *Sexually Speaking* durch die Decke ging und erste Fernsehauftritte folgten. An diesem Punkt fand Pierre Lehu, einer der Co-Autoren dieses Buchs und mehr als vierzig Jahre lang mein Verbindungsmann zu den Medien (ich nenne ihn meinen Kommunikationsminister), es wäre an der Zeit, ein wenig darauf zu achten, wie mich fremde Leute sahen. Er war der Ansicht, ich solle so freundlich und angenehm wie möglich aussehen, damit meine Ratschläge über Empfängnisverhütung »besser verdaulich« wären. Vor jeder Sendung, ob sie nun live war oder aufgezeichnet wurde, fragte mich Pierre, ob ich beim Friseur gewesen war und was ich anhätte. So wurde mir allmählich bewusster, wie ich mich selbst darstellte. Jedes Mal, wenn ich mich schick anzog, sprach ich von einer Verwandlung in meinen »Pierre-Look«.

Also, denken Sie darüber nach, sich ein paar neue Kleider zu kaufen. Sie müssen dafür kein Vermögen ausgeben; ein Besuch in einem Charity- oder Vintageladen kann eine großartige Idee sein. Suchen Sie sich ein paar Shirts und Pullover aus, die so aussehen, wie Sie sich fühlen möchten. Trauen Sie sich an leuchtende Farben heran. Wer sich bewusst fröhlich benimmt, gerade wenn er traurig ist, hat gute Chancen, tatsächlich etwas fröhlicher zu werden.

Seien Sie egoistisch

Menschen werden oft kritisiert, wenn sie für sich selbst sorgen. Und noch öfter fühlen sich Menschen, die für sich selbst sorgen, schuldig deswegen. Wie auch immer, es gibt Zeiten, da müssen Sie sich einfach an die erste Stelle setzen (selbst wenn Sie in einem Kibbuz leben). Es ist vollkommen okay, egoistisch zu sein.

Ein Beispiel.

Sie haben einen alten Elternteil, der viel Aufmerksamkeit beansprucht. Sie schenken ihm diese Aufmerksamkeit, und weil Sie ständig zur Verfügung stehen, löst sich Ihr eigenes soziales Leben in Luft auf. Sie fühlen sich einsam. Wenn Sie ein Einzelkind sind, fühlen Sie sich womöglich eingesperrt und müssen kreative Lösungen entwickeln, um zu einer Pause zu kommen. Doch wenn Sie Geschwister haben, müssen Sie sich durchsetzen.

Verlangen Sie von Ihren Geschwistern, dass sie mithelfen. Wenn sie weiter entfernt leben und daraus automatisch ableiten, dass sie nicht unterstützend eingreifen können, bitten Sie sie, Geld zu schicken, damit Sie einmal pro Woche eine Hilfe bezahlen können. Und verbringen Sie die so gewonnene Zeit mit Freunden. Wenn Ihre Geschwister jammern, weisen Sie das Gejammer ab. Einsamkeit vermiest Ihnen das Leben! Erklären Sie, welche Opfer Sie bringen. Vielleicht müssen Sie eine Liste anlegen. Schreiben Sie auf, welche Besorgungen Sie machen und wie oft Sie kochen. Die anderen sehen die Arbeit nicht, die Sie leisten, es kann gut sein, dass ihnen das alles gar nicht bewusst ist.

Wenn Sie zu großzügig mit Ihrer Zeit umgehen und deshalb unglücklich sind, wird es Zeit, egoistisch zu sein. Denn letztlich handeln Ihre Geschwister schon lange egoistisch, indem sie Ihnen die gesamte Pflegearbeit aufbürden, samt Arztterminen und der Beaufsichtigung von Handwerkern.

Investieren Sie in Ihren Körper

Es mag Sie schockieren, nachdem ich ja dafür bekannt bin, über Sex zu reden, doch viele Jahre lang, mit einigen Unterbrechungen, schliefen mein Mann Fred und ich getrennt (er schnarchte!). Kein Grund zur Sorge, wir fanden viele andere Orte und Zeiten für Intimität. Doch ich bin viel geduldiger und fröhlicher, wenn ich genug Schlaf bekomme, und deshalb beschlossen Fred und ich gemeinsam, es sei eine gute Idee, von Zeit zu Zeit getrennt zu schlafen.

Schlaf ist mir seit jeher sehr wichtig. Einer der schwierigsten Aspekte, als ich nach meinem Schlaganfall 2023 wieder zu meiner normalen, geschäftigen Routine zurückkehren wollte (und ganz vorbei ist es immer noch nicht), bestand darin, dass ich schlecht einschlafen und durchschlafen konnte. Wurde es dann endlich Morgen und ich sollte meinen Tag beginnen, war ich oft zu müde, um all die Gespräche zu führen und Pläne zu machen, die ich mir wünschte. Gemeinsam mit meinen Ärzten veränderte ich die Medikation, um endlich wieder richtig schlafen zu können.

Es wurde nicht gleich besser, was mich unglaublich frustrierte, aber allmählich kam ich wieder ins Lot. Bald war ich wieder in der Lage, Freunde zu treffen, meine Familie zu besuchen und dieses Buch zu Ende zu schreiben.

Ich möchte, dass Sie darüber nachdenken, wie viel Schlaf Sie bekommen. Und wenn Sie schon dabei sind, sehen Sie sich auch an, ob Sie sich gesund genug ernähren und ausreichend Bewegung bekommen. Wenn Sie ausreichende Ruhe nicht zu Ihrer Priorität machen, wenn Sie nicht in Ihren Körper investieren, werden Sie kaum genug Interesse oder Beharrlichkeit aufbringen, um sich für Ihre Beziehungen zu anderen Menschen zu engagieren. Doch nur wenn Sie das tun, können Sie tiefere Verbindungen knüpfen und erhalten.

Verwöhnen Sie sich

Auch wenn es paradox klingt: Besonders schmerzhaft ist es, wenn wir nicht von anderen Menschen berührt werden. Die meisten Menschen sehnen sich nach körperlichem Kontakt – eine herzliche Umarmung, ein freundliches Drücken der Schulter, solche Dinge. Wenn uns das fehlt, fühlen wir uns womöglich noch isolierter. Vom Moment unserer Geburt an trägt Berührung von Haut zu Haut zu unserer körperlichen Entwicklung und mentalen Gesundheit bei. Sie bekämpft nachweislich Krankheiten, verhilft uns zu mehr Entspannung und sorgt dafür, dass wir uns nicht so deprimiert fühlen.

Als ich zum ersten Mal richtig Geld hatte, kaufte ich mir eine Massageliege und bestellte mir einmal pro Woche eine Masseurin ins Haus. Alle meine Mitarbeitenden wussten, in dieser Zeit war ich nicht erreichbar. Ich genoss es, ich lud meine Batterien auf, und ich freute mich jedes Mal darauf, bald wieder kräftig durchgeknetet zu werden!

Übrigens kann man die Freuden einer Massage auch genießen, ohne dafür Geld auszugeben. Eine Studie der University of Miami School of Medicine zeigt, dass auch

Selbstmassage – einfach die Arme und Beine kräftig reiben – eine positive Wirkung hat. Sie können es ja einfach mal versuchen.

Die Kunst der Masturbation

Und jetzt ein Thema, das Sie in einem Buch über Einsamkeit vielleicht nicht erwarten, obwohl … vielleicht erwarten Sie es doch, da Sie ja wissen, wer das Buch geschrieben hat. Masturbation. Einsamkeit muss nicht bedeuten, dass Sie sexuell frustriert sind.

Wenn Sie keinen Partner oder keine Partnerin haben, fühlen Sie sich jederzeit frei, ein wenig Masturbation zu genießen – ohne schlechtes Gewissen. Wohlgemerkt, ich spreche von »ein wenig«. Denn wie bei allen genussvollen Aktivitäten kann ein Übermaß zum Problem werden. Das gilt für Masturbation genauso wie für Kartoffelchips.

Wenn Sie routinemäßig Verabredungen absagen, um zu Hause zu bleiben und sich selbst Genuss zu bereiten, ist das ein Warnzeichen. Und wenn Sie jeden Tag masturbieren, würde ich vermuten, dass dieses Übermaß einen Teil der Gründe ausmacht, warum Sie einsam sind.

Wenn Sie den Höhepunkt sehr oft allein erreichen, verlieren Sie einen der wichtigsten Anreize für die Suche nach einem Sexualpartner. Sie müssen sich in dieser Hinsicht Grenzen setzen, denn Ihr Verlangen nach sexueller Erregung sollte Sie motivieren, nach einer gesunden sexuellen Beziehung zu suchen. Ihre Sehnsucht nach Intimität kann Sie geradezu zwingen, aus dem Haus zu gehen, aber nur, wenn Sie das auch zulassen. Und genau das wünsche ich mir für Sie.

Umarmen Sie Ihre innere Schildkröte

Es verlangt Mut, neue Verbindungen herzustellen. Wenn Sie schüchtern sind, wenn Ihnen Selbstvertrauen fehlt, wenn Sie introvertiert sind, kann es besonders unangenehm und einschüchternd wirken, sich in soziale Situationen zu begeben. Ein gutes Mittel gegen Schüchternheit besteht darin, die innere Schildkröte zu umarmen.

Wenn eine Schildkröte ihren Kopf und ihre Beine in den Panzer einzieht, ist sie in Sicherheit. Nichts kann ihr wehtun, doch irgendwann muss die Schildkröte den Kopf wieder hinausstrecken. Sie kann keine Nahrung suchen, kann nicht die Sonne genießen oder einen Partner finden, wenn sie immer auf Nummer sicher geht. Schildkröten müssen Risiken eingehen, wenn sie leben wollen. Die Symbolik hat mich immer inspiriert, was dazu geführt hat, dass in meiner Wohnung eine riesige Sammlung von kleinen Schildkröten steht. Wirklich Hunderte. Blaue. Gelbe. Rosafarbene. Rote. Regenbogenfarbene. Grüne. Die meisten sind emailliert und mit Glitzersteinchen verziert. Sie stehen auf fast allen Bücherregalen, und auf meinem Couchtisch haben sich so viele angesammelt, dass ich keine Kaffeetasse mehr dort abstellen kann. (Sollten Sie jetzt der Ansicht sein, ich würde spinnen: Die meisten dieser Schildkröten habe ich geschenkt bekommen, und die Sammlung wächst weiter.)

Nun denken Sie vielleicht, da ich so viele Schildkröten besitze, hätte ich nie Probleme damit, aus meinem Panzer herauszukommen. Möglicherweise vermuten Sie auch, es sei mir immer leichtgefallen, vor Publikum zu sprechen oder Vorträge zu halten. Es stimmt, dass es im Laufe der Jahre leichter wurde, vor allem seit ich anfing, vor Hunderten von College-Studierenden Sexualerziehung zu unterrichten. Doch ich habe immer noch Schmetterlinge im Bauch, wenn ich vor einer größeren Menschenmenge stehe und sprechen soll. Ich zwinge mich dazu. Und genau das sollten Sie ebenfalls tun, wenn sich eine Gelegenheit ergibt: den Kopf aus dem Panzer strecken.

Mir ist klar, dass es sich manchmal sehr furchteinflößend anfühlen kann, auch nur mit einer einzigen Person zu sprechen. Wenn Sie das so empfinden, wenn Sie oft lieber in Ihrem Panzer verharren würden, denken Sie an Ihre innere Schildkröte. Das kann Ihnen helfen, einen Tick mutiger zu sein, so wie es auch mir geholfen hat.

Requisiten können wichtig sein

Als mein Buch *Sex für Dummies* auf den Markt kam, dachten sich die Marketingleute etwas sehr Cleveres für die Werbung aus. Sie produzierten Schlüsselanhänger mit einer winzigen Nachbildung des berühmten leuchtend gelben Umschlags. Ich weiß nicht mehr, wie viele sie mir mitgaben, damit ich sie bei Veranstaltungen verteilte, doch ich bin sicher, die Gesamtzahl überstieg bei Weitem alle Planungen. Die Leserinnen und Leser liebten die Dinger, viele baten mich um mehr davon, um sie an Freunde zu verschenken, und ich forderte immer wieder welche an.

Im Rückblick glaube ich immer noch nicht, dass diese Schlüsselanhänger nur deshalb so beliebt waren, weil sie nichts kosteten. Natürlich spielte das eine Rolle, doch ich glaube, die Leute wollten sie haben, weil es ihnen auf diese Weise leichter fiel, mich anzusprechen. Die kleinen gelben Rechtecke aus Plastik lieferten einen Anlass zum Gespräch. Leute, denen es sonst vielleicht unangenehm gewesen wäre, auf mich zuzugehen, fanden so einen leichten Einstieg: Sie mussten mich einfach nur um einen Schlüsselanhänger bitten.

Da Sie wahrscheinlich keinen Schlüsselanhänger mit Ihrem Namen darauf haben, den Sie verschenken können – wie können Sie es anderen erleichtern, auf Sie zuzugehen? Was können Sie tun, um freundlich und gesprächsbereit zu wirken?

Denken Sie visuell.

Ziehen Sie ein T-Shirt mit dem Logo Ihrer Schule oder Universität an. Tragen Sie eine Mütze Ihrer Lieblingsmannschaft. Nehmen Sie einen Bestseller mit ins Café und lesen Sie ein Weilchen darin, wobei Sie das Buch so halten, dass jeder, der vorbeigeht, den Umschlag sehen kann. Wenn Sie sich etwas mehr Arbeit machen möchten, okay. Kleben Sie ein paar Sticker auf Ihren Laptop – von Organisationen, die Sie unterstützen, Sängern oder Bands, die Sie mögen, oder Bergen, die Sie schon bestiegen haben. Heißen Sie jedes Gespräch willkommen, das sich auf natürliche Weise ergibt.

Ein sorgfältig ausgewähltes Requisit kann anderen ein Signal zu Ihren Interessen und Vorlieben geben. Ohne dass Sie ein Wort sagen müssen, machen Sie es Gleichgesinnten leichter, ein Gespräch mit Ihnen zu beginnen. Und wer weiß, vielleicht führen die gemeinsamen Interessen zu tiefergehenden Gesprächen und letztlich zu einer neuen Freundschaft. (Ich hoffe, Sie haben inzwischen gemerkt, dass ich Ihnen im Kampf gegen die Einsamkeit lauter sehr kleine Schritte empfehle. Kleine Schritte sind deshalb so wichtig, weil sie leichter zu gehen und durchzuhalten sind als große. Mit der Zeit summieren sie sich aber, und Sie werden glücklicher sein und mehr Verbindungen knüpfen!)

Schaffen Sie sich einen Hund an

Es gibt kein Haustier, das besser gegen Einsamkeit hilft, als ein Hund. Natürlich wirken alle Haustiere Wunder in Ihrer Psyche. Und ich verstehe auch, dass Katzen sehr kuschelig sind. Doch Haustiere, deren Gesellschaft Sie zumeist allein genießen, werden Ihnen nicht helfen, mehr menschliche Gemeinschaft zu finden. Genau deshalb ist ein Hund die bessere Option für einsame Menschen.

Hunde sind die beliebtesten Haustiere in den Vereinigten Staaten, und deshalb ziehen Hunde andere Menschen magnetisch an. Ein Hund bringt Sie auf fast jedem Spaziergang automatisch mit anderen Hundebesitzern in Kontakt. Ein Hund ist eine gute Entschuldigung, um mehrmals am Tag spazieren zu gehen und ein Schwätzchen mit Ihren Nachbarn zu halten. Und wenn Ihnen das mit dem Schwätzchen sonst nicht so leichtfällt, hilft der Hund auch, denn ein netter, reizender Hund ist vielleicht genau der Eisbrecher, den Sie brauchen.

Doch eins muss man dabei wissen: Hunde machen viel Arbeit. Ich möchte nicht, dass Sie sich leichtfertig auf so etwas einlassen. Lernen Sie verschiedene Hunderassen kennen, beschäftigen Sie sich mit ihrer Pflege und Persönlichkeit. Berücksichtigen Sie auch Ihre eigenen körperlichen Fähigkeiten. Ein großer, lebhafter Hund ist sicher nicht das Richtige, wenn Sie eher zart gebaut sind. Schließlich soll das Tier auch eine emotionale Stütze sein, da wären körperliche Belastungen und zu viel Verantwortung kontraproduktiv.

Üben Sie sich in kleinen Freundlichkeiten

Wir sollten hier von Anfang an Klartext reden. Bisher habe ich mich auf die vielen Möglichkeiten konzentriert, mithilfe kleiner Schritte neue, tiefergehende Beziehungen anzustreben. Doch lassen Sie uns hier für einen Moment innehalten. Einsamkeit bedeutet nicht nur die Abwesenheit guter Freunde und Sexualpartner. Einsamkeit kann auch bedeuten, dass Sie sich mit niemandem wirklich verbunden fühlen.

Forschungsergebnisse zeigen: Wenn Sie auch nur ein kurzes Gespräch mit einem fremden Menschen führen, werden Sie sich danach beide besser und stärker verbunden fühlen. Fragen Sie die Person, die neben Ihnen im

Aufzug steht, wie ihr Tag läuft – so laden Sie zu einem Gespräch ein. Heben Sie einen Brief auf, den Ihr Nachbar hat fallen lassen, und geben Sie ihm den mit ein paar freundlichen Worten und einem Lächeln – so kann ebenfalls ein Gespräch entstehen. Wie die beiden Autoren Ryan Jenkins und Steven Van Cohen in Ihrem Buch *Connectable* schreiben: Verbindungen müssen nicht langfristig sein, um bedeutend zu sein.

Als meine Tochter Miriam heiratete, war der beste Laden für Hochzeitskleider ein Geschäft in Bay Ridge, Brooklyn, also in dem Viertel von New York, in dem Pierre lebt. Miriam und ich fuhren mit einem Chauffeurservice zu dem Geschäft, schauten uns jede Menge Kleider an, und als wir damit fertig waren, bat ich den Fahrer, uns zu Pierre und seiner Familie zu bringen. Ich kannte den Fahrer nicht, aber ich lud ihn ein, uns bei diesem Besuch zu begleiten, statt im Auto zu warten. Später fragte mich Miriam, ob ich mit ihm schon früher gefahren war, doch tatsächlich sah ich ihn an diesem Tag zum ersten Mal. Und am Ende waren wir alle ganz glücklich, an diesem Tag jemand Neuen kennengelernt zu haben.

Es ist eine Kunst, ohne Mühe mit fremden Menschen zu reden. Es braucht Zeit und Übung, genau wie Schwimmen oder Klavierspielen. Ich wünschte, es gäbe einen magischen Schalter, den man nur umlegen muss, und – Padamm! – schon sind Sie nicht mehr einsam. Doch so einen Schalter gibt es leider nicht, und es gibt auch keine Abkürzungen. Andererseits: Wenn Sie sich bewusst dafür entscheiden, mit Fremden in Kontakt zu treten, und sich dazu zwingen, es immer wieder tatsächlich zu tun, werden Sie spüren, wie Ihre Verbundenheit mit der Welt rundum wächst. Und je öfter Sie es tun, desto einfacher wird es.

Zurückweisung aushalten

Die Furcht vor Zurückweisung hält viele Menschen davon ab, Verbindungen zu knüpfen. Ich verstehe das. Zurückweisung ist schwer zu ertragen. Sie macht uns traurig, zornig und verwirrt, manchmal alles auf einmal. Das Problem ist nur: Zurückweisung ist ein Teil der menschlichen Erfahrung. Ich möchte, dass Sie so etwas nicht allzu persönlich nehmen. Sie können es nicht vermeiden, und es liegt fast nie in Ihrer Hand. Auf keinen Fall sollten Sie Ihre Suche nach neuen oder tieferen Beziehungen aufgeben, weil Sie sich davor fürchten, erneut zurückgewiesen zu werden. (Ich vermute einfach, dass sich das Blatt zum Besseren wenden wird.)

Deshalb wünsche ich mir, dass Sie auf Zurückweisung einzig und allein so reagieren: Wunden lecken und es wieder versuchen. Die Gefährten, die Ihnen dabei begegnen, werden jene wettmachen, von denen Sie zur Seite geschoben wurden.

Der Westheimer-Trick

Eine bewährte Methode, um neue Menschen kennenzulernen, besteht darin, Kurse zu besuchen. Wenn Sie sich zu so einem Kurs, beispielsweise einem Malkurs oder einem italienischen Kochkurs, vor allem deshalb anmelden, weil Sie ein neues Hobby erlernen möchten, dann sollte es ein Anfängerkurs sein. Doch wenn Sie vor allem neue Kontakte knüpfen wollen, dann schlage ich eine andere Taktik vor: Melden Sie sich auch dann für einen Anfängerkurs an, aber wählen Sie ein Sachgebiet, von dem Sie schon etwas verstehen!

Warum Sie das tun sollten? Wenn Sie schon eine gewisse Fertigkeit besitzen, sind Sie allen anderen in dem Kurs überlegen. Wenn die Person neben Ihnen Schwierigkeiten hat, können Sie lächelnd sagen: »Warte mal, ich kann dir dabei helfen.« Das ist erst einmal gut für Ihr Selbstvertrauen. Und mit dieser neuen Quelle des Selbstvertrauens fällt es Ihnen viel leichter, mit anderen Menschen in Verbindung zu kommen.

Ich nenne diese Herangehensweise den Westheimer-Trick. Dahinter steht die Entscheidung, mutig zu sein und fast alles zu tun, um zu bekommen, was Sie wollen. Hier kommt ein Beispiel, das Ihnen zeigen kann, wie ich selbst den Westheimer-Trick angewandt habe.

Vor ein paar Jahren sollte ich eine Diskussion mit einer anderen Frau führen und zwar auf Einladung der Oxford Union, einem angesehenen Debattierclub in England. Es ging um die Frage, ob Pornografie Teil der Sexualerziehung in Schulen sein sollte. Ich war der Ansicht, dass Pornos, wenn man angemessen darüber spricht, sehr wohl diskutiert werden sollten; sie erklärte, so etwas habe keinen Platz im Klassenzimmer. Die Oxford Union ist wahrscheinlich der renommierteste Ort für Debatten auf der Welt. Entsprechend nervös war ich an diesem Abend. Beim Abendessen bemerkte ich, dass meine Opponentin jedes Mal, wenn jemand einen Toast ausbrachte, einen ordentlichen Schluck aus ihrem Weinglas nahm, während ich nur daran nippte. Also stimmte ich mit ein, brachte Toast auf Toast aus, und am Ende gewann ich die Debatte mit Leichtigkeit. Man kann nämlich nicht gut debattieren, wenn man einen Schwips hat.

Es ist natürlich keine neue Idee, günstige Umstände auszunutzen. In alten Zeiten ließ manch eine Dame »aus Versehen« ihr Taschentuch direkt vor die Füße eines Mannes fallen, den sie kennenlernen wollte. Es ist nicht verwerflich, wenn man Situationen zu den eigenen Gunsten nutzt – immer vorausgesetzt, man schadet niemandem. Das ist einfach Chuzpe!

Nimm Zitronen und mach Limonade daraus

Mein verstorbener Ehemann Fred und ich haben uns kennengelernt, weil ich mich weigerte, eine blöde Situation hinzunehmen. Es ging dabei nicht um Leben und Tod, bei Weitem nicht, aber ich traf eben doch eine wichtige Entscheidung, die eine unangenehme Situation auf den Kopf stellte. Hätte ich nicht gehandelt, wäre mein Leben ganz anders verlaufen.

Ich will Ihnen erzählen, was da passiert ist.

Ich bin immer sehr gern Ski gefahren, und eines Tages im Jahr 1961 ging ich mit drei Freunden auf die Piste. Einer von ihnen war Mitglied eines Skiclubs, und die Gruppe hatte einen Wochenendausflug geplant. Einer meiner Skipartner und ich waren von Anfang an eine reine Katastrophe. Um ans obere Ende der Piste zu gelangen, mussten wir mit einem Schlepplift fahren, bei dem die Skifahrer eine T-förmige Metallstange unter ihren Toches schieben und sich dann den Berg hinaufziehen lassen. Ich will dazu nur so viel sagen: Das System funktioniert gut, wenn zwei Personen ähnlich groß sind. Doch für ein ungleiches Paar, wie wir es waren – mein Freund war über eins achtzig groß –, war der Schlepplift eigentlich nicht zu benutzen. Wenn das Gestänge unter seinem Po klemmte, hatte ich es am Hals; wenn es unter meinem Po war, hing es an seinen Knöcheln.

Wir versuchten alles und produzierten einen Fehlstart nach dem anderen. Als wir endlich oben ankamen, war ich so frustriert, dass ich auf meinen Skiern seitlich die Piste hinunterfuhr. Und da entdeckte ich Fred. Er war der Vorsitzende des Skiclubs, dem ein anderer meiner Freunde angehörte. Fred war nicht besonders groß. Ohne zu zögern, sagte ich zu meinem hochgewachsenen Freund: »Von jetzt an werde ich mit diesem kleinen Mann da den Lift benutzen.« Und genau das taten Fred und ich.

Meine Entscheidung war abrupt und kam meinem großen Freund vielleicht sogar unhöflich vor, doch ich rettete mir den Skitag, indem ich den Liftpartner wechselte. Und außerdem schlug ich so einen neuen Weg ein, der mir viele neue Möglichkeiten eröffnete.

Es gibt ein Sprichwort, das lautet: Wenn das Leben dir Zitronen gibt, mach Limonade daraus. Wenn Sie in eine Situation geraten, in der die Schwierigkeiten so groß sind, dass ein Erfolg unmöglich scheint, kriegen Sie keinen Wutanfall! Beobachten Sie stattdessen Ihre Umgebung, suchen Sie nach einer Lösung. Optimisten sind stets attraktiver als Pessimisten. Und sobald Sie eine Möglichkeit sehen, die Schwierigkeiten zu umgehen, drücken Sie Ihre Zitrone aus und schauen Sie nicht mehr zurück.

Vorbereitet zum Gespräch

David Letterman hat mich mehrere Male in seine Show eingeladen, und das war immer schön. Einmal haben sich die Produzenten eine neue Regel ausgedacht: Das Publikum im Studio durfte über fast alles entscheiden, was in der Sendung vor sich ging. Durch ihren Applaus bestimmten die Leute, was Dave anzog, mit welcher Musik die Sendung begann und wer die eröffnenden Ankündigungen vorlesen sollte. Es war sehr lustig. Und während die Leute noch ganz aus dem Häuschen waren, fragte Dave, welchen von zwei Gästen er zuerst ins Studio holen sollte. Sie hatten die Wahl zwischen Teri Garr (die für *Tootsie* eine Oscar-Nominierung ergattert hatte und einer der Stars in Steven Spielbergs Film *Unheimliche Begegnung der dritten Art* gewesen war) und mir. Teri tat mir sofort leid. Denn sie war zwar viel attraktiver als ich und eine sehr angesehene Schauspielerin, aber mein Thema

(Sex!) war der todsichere Sieger des Tages. Und so kam es dann auch.

Was können wir daraus lernen? Wenn es um Kontakte zu anderen Menschen geht, liegt der Schlüssel in der Fähigkeit zu unterhalten. Sorgen Sie dafür, dass Sie etwas Ungewöhnliches oder Provokatives zu sagen haben! Seien Sie auf keinen Fall die Person, die die ganze Zeit nur jammert oder mit ihren Kindern angibt. Und gehen Sie nie in eine soziale Situation ohne eine oder zwei Ideen, wie Sie für andere interessant sein könnten.

Suchen Sie sich Themen aus, die etwas von den eingefahrenen Wegen abweichen und trotzdem viele Menschen fesseln. Halten Sie sich dabei von den neuesten Schlagzeilen und Social-Media-Trends fern, denn darüber wissen ja alle ohnehin schon Bescheid. Wenn das Gespräch erlahmt, können Sie mit einem »Haben Sie schon gehört …« garantiert jederzeit auf sich aufmerksam machen. Aber seien Sie auf Rückfragen vorbereitet! Wenn Sie sich mit Ihrem vorbereiteten Thema etwas mehr beschäftigt haben, können Sie das Gespräch auch leichter in Gang halten.

Eine weitere Möglichkeit, ein Gespräch zu starten, sind neugierige Fragen. Vorschläge gefällig? Hier zwei von dem Zeitungskolumnisten David Brooks, der auch das Buch *How to Know A Person: The Art of Seeing Others Deeply and Being Deeply Seen* geschrieben hat:

Erste Frage: *Wo sind Sie aufgewachsen?* Die meisten Menschen sprechen gern über ihre Kindheit, das funktioniert fast immer.

Zweite Frage: *Was ist die wichtigste unwichtige Information über Sie?* (David selbst sagt dazu, er möge die frühe Taylor Swift noch lieber als die spätere. Da er als ernsthafter Journalist bekannt ist, würde es wirklich Spaß machen, darüber mit ihm auf einer Party zu diskutieren!)

Egal, welche Fragen Sie stellen, das Ziel, so David, ist immer das gleiche: Bringen Sie die Leute zum Reden und zum Geschichtenerzählen.

Und wenn Sie ein introvertierter Mensch sind? Dann rate ich Ihnen, zu üben, was Sie sagen wollen, und sich nach einem wie auch immer gearteten großen sozialen Ereignis reichlich Ruhe zu gönnen, um Ihre Batterien wieder aufzuladen. Nicht alle introvertierten Menschen sind automatisch auch schüchtern, doch große Gruppen können für sie sehr anstrengend sein. Statt Energie aus dem Zusammensein mit anderen zu beziehen, wie ich es tue, ermüden introvertierte Menschen durch Stimulation von außen. Wenn Sie sich darin wiedererkennen, akzeptieren Sie das und planen Sie Zeit ein, um herunterzukommen und sich wieder zu sammeln, nachdem Sie einen Abend unter Menschen verbracht haben. Und selbst wenn Sie sich nicht auf eine Late-Night-Show im Fernsehen vorbereiten, sollten Sie wissen, dass alle Redeprofis proben, was sie sagen wollen. Das sollten Sie ebenfalls tun.

Verstecken Sie sich nicht

Meine erste Sprache ist Deutsch, Hebräisch lernte ich in Palästina (noch vor der Gründung des Staates Israel) und später Französisch, als ich in Paris studierte. Im Jahr 1956, als ich in die USA kam, sprach ich nur sehr wenig Englisch und hatte einen starken Akzent, wie so viele Einwanderer. Nur dass mein Akzent mich als Deutsche identifizierte, sodass einige wohlmeinende Freude fanden, ich sollte Sprechunterricht nehmen, um diesen Akzent abzumildern oder gleich komplett loszuwerden. (Nach dem Krieg gab es noch ziemlich viele antideutsche Gefühle in New York und an anderen Orten, meine Freunde machten sich einfach nur Sorgen um meine Sicherheit.) Doch ich hatte weder Zeit noch Geld für so etwas, und in der Rückschau bin ich froh darüber. Denn gerade mein Akzent machte mich im Radio unverwechselbar und half mir geradezu, berühmt zu werden.

Wenn Sie selbst Einwanderer sind, versuchen Sie wahrscheinlich, sich anzupassen und in Ihrer neuen Umgebung möglichst wenig aufzufallen. Doch Sie müssen dabei nicht übertreiben. Schämen Sie sich nicht für Ihren Akzent oder Ihre Kleidung oder was auch immer Sie einzigartig macht. Nutzen Sie solche Unterschiede lieber, um Freundschaften zu schließen. Wenn Sie jemanden kennenlernen, lächeln Sie strahlend und sagen so etwas wie: »Sie verstehen mich trotz meines Akzents, oder?« Daraus ergibt sich dann hoffentlich ein positives Gespräch über Ihre Herkunft und Ihren Weg. Und jedes Mal, wenn Sie ein Gespräch beginnen können, ist das eine Gelegenheit, neue Verbindungen herzustellen. Sollte jemand eindeutig nicht mit Ihnen befreundet sein wollen, aus welchen Gründen auch immer, dann lassen Sie ihn in Ruhe und suchen sich jemand anderen.

Ich kann Ihnen noch eine Geschichte über meine einzigartige Sprechweise erzählen. Eine Geschichte, die man besser nicht erfinden könnte. Wissen Sie, was die Schauspielerin Debra Jo Rupp tun musste, als sie mich in Mark St. Germains Theaterstück *Becoming Dr. Ruth* spielte? Sie musste Unterricht nehmen, um mit meinem Akzent zu sprechen! Was für eine Ironie des Schicksals!

Klug reisen

Es spielt eine große Rolle, wo Sie schlafen, wenn Sie auf Reisen sind. Ich gebe zu, ich liebe große Hotels. Mein Favorit ist das King David Hotel in Jerusalem. Es hat alles, was ich mir wünschen könnte, einschließlich eines großartigen Außenpools, einer schönen Aussicht über die Stadt und vielen hübschen Möglichkeiten, wo man draußen sitzen und etwas essen kann. Doch was es nicht hat, sind Gesprächspartner. Wenn Sie nicht zum Concierge gehen und ihm eine Frage stellen, können Sie dort tagelang herumlaufen, ohne mit irgendeinem Menschen zu sprechen.

Deshalb bin ich der Ansicht, dass Hostels und vor allem Bed-and-Breakfasts für einsame Menschen die besseren Übernachtungsplätze sind.

Wirte von Frühstückspensionen sind die perfekten Gastgeber. Sie wollen, dass Sie sich zu Hause fühlen, wo

Sie übernachten. Ohne dass Sie viele Fragen stellen müssen, geben sie Ihnen Empfehlungen, was Sie während Ihres Aufenthalts unternehmen oder besichtigen könnten. Und zum Frühstück setzen sie Sie nicht in einen höhlenartigen Raum, in dem die Gäste schön für sich bleiben, sondern bringen Sie zu einem Tisch mit einigen wenigen anderen Gästen, sodass sich viel eher ein Gespräch ergibt. Vielleicht entscheiden Sie sich sogar dazu, mit einem anderen Einzelreisenden gemeinsam ein Museum anzusehen.

Mentaler Reichtum zählt

Ich bin in Frankfurt aufgewachsen. Bevor die Nazis an die Macht kamen, war diese Stadt ein wunderbarer Ort für Kinder. Unsere Gegend war idyllisch, und mir kam es vor, als würde ich jeden Nachbarn kennen. Meine Eltern hatten immer genug Hilfe, wenn es darum ging, mich in den Laden oder zur Schule zu bringen.

Für einige Menschen, vor allem Hochschulabsolventen in den Vereinigten Staaten, ist es heutzutage ganz normal, aus beruflichen Gründen in eine komplett fremde Gegend zu ziehen. Ein neuer Job am anderen Ende des Landes bietet vielleicht bessere Aufstiegsmöglichkeiten und ein höheres Gehalt. Doch es hat seinen Preis, wenn man sich von den Freunden der Kindheit und der Familie so weit entfernt.

Was passiert, wenn Sie, sagen wir, zehn Jahre nach Ihrem Weggang beschließen, eine Familie zu gründen?

Wenn Sie dann tausend Kilometer von Ihren eigenen Eltern entfernt leben, fehlt Ihnen ein Familiennetz, das Sie trägt und unterstützt. Vielleicht fühlen Sie sich dann zunehmend allein und isoliert. Dasselbe gilt, wenn Sie Hilfe brauchen, weil Sie sich ein Bein gebrochen haben, oder wenn Sie mit einer chronischen Krankheit zurechtkommen müssen. Gerade in Zeiten, in denen das Leben hart ist, fällt alles leichter, wenn Sie von Menschen umgeben sind, die Sie ein Leben lang kennen und lieben. (Es fällt auch leichter, sich um alte Eltern zu kümmern und sich mit ihnen verbunden zu fühlen, wenn man nicht weit entfernt in einer anderen Stadt lebt.)

Deshalb möchte ich Ihnen raten, Ihren mentalen (und nicht nur den finanziellen) Wohlstand an erste Stelle zu setzen. Ja, ich weiß, dass Geld wichtig ist und dass ich leicht so etwas schreiben kann, nachdem ich schon seit längerer Zeit keine Mühe mehr habe, meine Rechnungen zu bezahlen. Doch versuchen Sie, nicht nur an die Arbeit zu denken, wenn Sie entscheiden, wo Sie leben wollen. Ich rate Ihnen, darüber nachzudenken, wie Ihr Alltag in einigen Jahren aussehen könnte, wenn Ihr Lebensstil und Ihre Bedürfnisse sich ändern.

Sprechen Sie über Ihre Bedürfnisse

Sagen Sie anderen Leuten immer, was Sie brauchen. Das gilt nicht zuletzt, wenn Sie trauern. Einsamkeit verschlimmert sich, wenn Sie das Gefühl haben, dass die Menschen in Ihrer Nähe Sie nicht unterstützen oder nicht verstehen, was Sie durchmachen. Doch wir sollten nicht das Schlimmste annehmen. Vielleicht haben diese Menschen in Ihrer Umgebung null Erfahrung mit Verlusten, und Gedanken lesen können sie ganz bestimmt nicht. Wenn Sie ihnen nicht sagen, wie sie Ihnen helfen können, woher sollen sie es wissen?

Meine Co-Autorin Allison ist Journalistin und schreibt viel über Trauer. Wenn Sie sich allein fühlen, weil niemand daran gedacht hat, Sie am Todestag eines lieben Menschen anzurufen, rät Ihnen Allison, zumindest einen Menschen zu bitten, dass er dieses Datum in seinem Kalender markiert. Auf diese Weise bekommen Sie nächstes Jahr wenigstens einen Anruf.

Ich habe meinen Radiohörern und Fernsehzuschauern immer geraten, auch über ihre Bedürfnisse im Bett zu reden. Wenn Sie gern auf eine bestimmte Weise berührt werden möchten, müssen Sie Ihrem Partner oder Ihrer Partnerin das sagen! Wenn Sie oralen Sex mögen, bitten Sie Ihren Partner darum! Diese Art von Direktheit ist zu allen Zeiten Ihres Lebens wichtig, auch und gerade in Zeiten großer Traurigkeit. Indem Sie von Ihren Bedürfnissen sprechen, helfen Sie selbst mit, diese Bedürfnisse zu befriedigen. Und wenn das geschieht, fühlen Sie sich weniger einsam. Das gilt vor allem in der Familie, und genau deshalb werden wir uns im nächsten Kapitel mit den Beziehungen innerhalb der Familie beschäftigen.

Familie

Die Familie spielt eine entscheidende Rolle, wenn man Einsamkeit abbauen will. Immer vorausgesetzt, Beziehungen innerhalb der Familie sind möglich, dann vermitteln Familienmitglieder ein einzigartiges und kraftvolles Empfinden von Zugehörigkeit und Verständnis. Hinzu kommt ein Gefühl von Sicherheit, ein System, das im Notfall immer zur Verfügung steht – so stark, dass Sie nie den Eindruck haben müssen, ganz allein zu sein. Und weil Familienbeziehungen so lebenswichtig für das Gefühl sozialer Verbundenheit sind, sollten Sie eine hohe Priorität darauf legen, diese Bindungen zu erhalten, wenn nötig zu heilen und in jedem Fall zu stärken.

Es versteht sich von selbst, dass nicht alle Familiensituationen positiv sind. Das ist mir klar, und ich weiß auch, dass das Fehlen familiärer Verbindungen unglaublich einsam machen kann. Gut möglich, dass Sie mit der Erwartung aufgewachsen sind, Ihre Familie werde Ihnen in jeder nur denkbaren Situation den Rücken freihalten. Und wenn Sie dann irgendwann zu genau dieser bedingungslosen Liebe und Unterstützung keinen Zugang mehr haben, fühlen Sie sich vermutlich besonders leer. Da ich meine Familie so früh verloren habe, weiß ich auch, dass der Tod eine bedeutende Ursache von Einsamkeit sein kann. Ich hatte versucht, mit meiner Familie in Kontakt zu bleiben, nachdem wir getrennt worden waren. Eine Weile schrieben wir uns Briefe, doch irgendwann kam keine Antwort mehr. Ich sehnte mich so sehr und so lange nach meiner Familie, dass ich mir später eine ganz neue aufbaute.

In diesem Teil meines »Speiseplans« geht es darum, die Verbindung zur eigenen Familie wiederherzustellen, wenn Sie sich entfremdet haben, durch Verluste getrennt wurden oder einfach nur weit entfernt voneinander leben.

Die American Psychological Association definiert Einsamkeit als »Unwohlsein oder Unbehagen, verursacht durch die Wahrnehmung, allein zu sein«. Wohlgemerkt: die Wahrnehmung.

Wie einsam Sie sich fühlen, hängt davon ab, wie Sie Ihre Lebensumstände *wahrnehmen*. Wenn Sie glauben, Sie seien machtlos dagegen, werden Sie sich wahrscheinlich noch schlechter fühlen. Doch ich bin ja da, und ich sage Ihnen: Es ist möglich, Beziehungen zu Eltern und Geschwistern zu heilen oder sich eine komplett neue Familie aufzubauen, wenn die Herkunftsfamilie nicht mehr existiert. Sie können der Beziehung zu einem Familienmitglied, von dem Sie sich entfremdet haben, wieder Leben einhauchen, und Sie können sogar enge Beziehungen zu Familienmitgliedern unterhalten, die nicht mehr am Leben sind. (In Fällen körperlicher oder mentaler Misshandlung oder Missbrauchs dürfte es das Sicherste sein, neue familienähnliche Verbindungen aufzubauen.)

Folgen Sie meinem Rat. Wenn Sie sich Mühe geben, Ihre familiären Verbindungen zu stärken, kann sich Ihr

Leben verändern. Es kann reicher und voller sein, und ich würde sogar darauf wetten, dass Sie glücklicher werden. Wenn Sie Glück haben, bietet Ihnen Ihre Familie einen sicheren Hafen in dieser Welt. Sie fühlen sich in diesem Kreis akzeptiert, gehören dazu, egal, was passiert. Eine gemeinsame Geschichte, gemeinsame Traditionen und Werte begründen diese starke Verbindung. Allerdings können Familien auch leicht zerbrechen, nicht nur durch das, was wir sagen oder tun, sondern bereits durch unser Denken. Sie wissen sicher, dass unser Denken in vielerlei Weise unser Handeln bestimmt. Negatives Denken bringt oft mehr Negatives in unser Leben. Und positives Denken bringt – richtig geraten! – oft mehr Positives in unser Leben.

Ich glaube fest daran, dass wir fast jede Verletzung heilen können, indem wir unser Denken verändern. Geist schlägt Materie. Selbst wenn wir die Umstände nicht ändern können (vielleicht sprechen Sie und ein Mitglied Ihrer Familie nicht mehr miteinander), können wir doch immer unseren Blick auf diese Umstände verändern. Wir können uns förmlich dazu zwingen, an ein helleres Morgen zu glauben. Und damit öffnen wir uns für die Möglichkeit, dass das Leben nicht immer so düster aussehen wird und dass wir fast jede Familienbeziehung in Ordnung bringen können.

Das alles habe ich gelernt, als ich zehn Jahre alt war.

Als die Nazis meinen Vater mitnahmen, befand ich mich in unserer Frankfurter Wohnung. Ich weiß noch genau, dass ich vom Fenster aus beobachtete, wie sie ihn zu einem Lastwagen brachten. Er schaute hinauf zu mir und lächelte. Diesen beruhigenden Ausdruck auf seinem Gesicht habe ich nie vergessen. Dabei bin ich sicher, dass ihm gar nicht zum Lächeln zumute war. Er muss Angst gehabt haben, was mit ihm passieren würde – und was mit mir passieren würde, seinem einzigen Kind. Doch seine Entscheidung, in diesem entsetzlichen Moment zu lächeln, gab mir Hoffnung.

Wenige Wochen später setzten mich meine Mutter und meine Großmutter in einen Zug, der mich in die Schweiz bringen sollte – ein Kindertransport, dazu gedacht, das Leben jüdischer Kinder zu retten. Als der Zug den Bahnhof verließ, sorgte ich dafür, dass die beiden mein lächelndes Gesicht am Fenster sahen. Ich war außer mir vor Angst und hatte keine Ahnung, ob ich meine Eltern oder meine Großmutter je wiedersehen würde, doch ich tat das Meine, damit sie sich besser fühlten. Genau wie es mein Vater für mich getan hatte.

So unglaublich es klingt: Während der Reise stellte ich mich irgendwann auf meinen Sitzplatz und stimmte die hebräischen Lieder an, die wir alle in der Schule gelernt hatten. Ich sang so laut ich konnte. Bald stimmten die anderen Kinder mit ein, und den Rest der Fahrt hörte man kein Weinen mehr, sondern nur noch Singen.

Um Beziehungen zu Familienmitgliedern zu heilen, müssen Sie vielleicht ein falsches Lächeln aufsetzen, bis das echte Lächeln wieder möglich ist. Vielleicht müssen Sie auch vergeben oder vergessen. Und wahrscheinlich müssen Sie Ihr eigenes Denken verändern, sodass Sie daran glauben können, dass Beziehungen reparabel sind und keinen Totalschaden erleiden. Wenn Sie sich dazu bringen können, schlimme Situationen mit etwas mehr Optimismus zu betrachten, wird es Ihnen leichter fallen, zerbrochene Verbindungen wiederaufzubauen.

Übrigens habe ich damals in jenem Zug noch etwas gelernt. Ich stellte fest, wie wunderbar es sich anfühlt, wenn man dafür sorgt, dass andere Menschen sich besser fühlen. Ich habe keine Ahnung, ob meine Mutter und meine Großmutter sich besser fühlten, als sie mein Lächeln am Zugfenster sahen, aber ich versuchte ihnen Hoffnung zu geben, so wie mein Vater mir Hoffnung gegeben hatte. Und ich hatte zwar niemanden aus meiner Familie mit mir im Zug, aber eine Gefährtin hatte ich doch: meine Lieblingspuppe. Neben mir saß ein kleines Mädchen, nur halb so alt wie ich. Sie weinte noch mehr als ich. Wissen Sie, was ich tat? Ich schenkte ihr meine Puppe. Damit war wohl der Keim für meinen späteren Weg als Therapeutin gelegt: Ich hatte meine eigene Kraft kennengelernt, dafür zu sorgen, dass sich andere Menschen besser fühlten.

Familientreffen

Gehen Sie zu Hochzeiten, Abschlussfeiern, Konfirmationen, Kommunionen, Geburtstagen – zu allen Festen, die Ihre Familie betreffen. Lassen Sie nicht zu, dass Ihre Abneigung gegen eine bestimmte Tante oder einen Onkel, eine Nichte oder einen Neffen Sie von einem solchen Fest fernhält. Je einsamer Sie sind, desto mehr brauchen Sie Ihre Familie. Wenn Sie sich jedes Mal verstecken, sobald sich Ihre Familie versammelt, schneiden Sie sich von allen möglichen Gelegenheiten ab, auf Beziehungen zu bauen, an denen Sie Freude haben. Doch damit nicht genug, es kann noch viel schlimmer werden.

Wenn Sie Familienereignisse stets auslassen, wenn Sie sich jedes Mal eine Ausrede einfallen lassen, warum Sie nicht kommen können, wird man Sie ziemlich bald abschreiben und gar nicht erst einladen. Am Ende gibt es dann auch keine Babypartys und keine Feste zum Eintritt in den Ruhestand mehr für Sie.

Ja, ich weiß, es kann einem ziemlich auf die Nerven gehen, die ganze Zeit grinsen zu müssen, während irgendein Verwandter einem die Ohren mit Kommentaren vollredet, die man verabscheut. Doch denken Sie daran: Familienereignisse sind soziale Ereignisse, Sie können genauso von einem Gesprächspartner zum anderen ziehen wie auf einer Cocktailparty. Kein Mensch zwingt Sie, länger als nötig mit einer einzelnen Person zu reden.

Weniger Urteile

Jeder Mensch erlebt Einsamkeit, doch nachdem Sie dieses Buch lesen, halte ich es für möglich, dass Sie einsamer sind als viele andere. Heißt mit anderen Worten: Sie sind nicht perfekt. Wie wir alle, so haben auch Sie ein paar Fehler.

Warum ich darauf hinweise?

Weil zweifellos auch einige Ihrer Familienmitglieder ein paar Fehler haben. Vielleicht sind sie lästig, weil sie ununterbrochen reden. Vielleicht irritieren sie Sie, weil sie sich für besonders schlau halten. Wer auch immer aus Ihrer Verwandtschaft Ihnen auf die Nerven geht: Nachdem Sie auch nicht perfekt sind und nachdem Sie unter einem Gefühl mangelnder Verbundenheit leiden, sollten Sie einen Weg finden, um Ihren Frieden mit diesen Menschen zu machen und ihnen einen Platz in Ihrem Leben einzuräumen.

Ignorieren Sie, was Sie nervt. Beißen Sie die Zähne zusammen. Halten Sie die Luft an, lutschen Sie ein Pfefferminzbonbon oder trinken Sie eine Tasse Tee. Oder … beschließen Sie, sich in die Kurve zu legen und sich anzupassen, statt die Beziehung aufzugeben.

Wenn Ihre Tante ständig über dasselbe Thema redet, bereiten Sie für das nächste Treffen ein paar Fragen zu einem ganz anderen Thema vor, sodass Sie das Gespräch in eine neue Richtung lenken können. Wenn Ihre Großmutter nicht mehr gut hört und Sie es hassen, ständig so schreien zu müssen, reden Sie einfach weniger mit ihr und halten stattdessen ihre Hand. Ich verspreche Ihnen, sie wird es genießen, und Sie werden sich beide weniger einsam fühlen.

Übrigens scheue ich mich nicht, Freunde oder Verwandte zu bitten, dass sie meine Hand halten. Es ist eine Art der Kommunikation, die mir guttut, egal wie traurig, frustriert oder müde ich bin. Berührung hat eine große Kraft. Ohne dass dabei ein Wort gesprochen wird, kann sie helfen, dass wir uns weniger allein fühlen.

Geben Sie Fehler zu

Ende 1985/Anfang 1986 war ich in eine ziemlich große Kontroverse verstrickt. Es ging damit los, dass eine Bibliothekarin aus Ramsey, New Jersey, sich an meinen Verlag wandte, um sich über mein Buch *First Love* zu beschweren. Sie erklärte meiner Lektorin, dass das Buch sofort aus den Regalen genommen worden war. Nicht, um Zensur zu üben, es war ihr auch nicht zu direkt. Das Problem bestand in einem kleinen, aber bedeutsamen Satzfehler.

In einer Passage, in der es darum ging, das Risiko einer Schwangerschaft zu reduzieren, hatte ich geschrieben, Sex in der Woche des Eisprungs und in der Woche davor sei sicher. Das ist aber falsch, es hätte »unsicher« heißen müssen. Der Verlag rief daraufhin 115 000 Exemplare des Buchs aus dem Handel zurück, es wurde mitsamt den beiden wichtigen ergänzten Buchstaben neu gedruckt und mit einem komplett neuen Umschlag wieder auf den Markt gebracht. Ich weiß nicht, wie der Fehler ins Buch kam, denn selbstverständlich war mir die korrekte Information bekannt, aber ich zögerte nicht, die Verantwortung dafür zu übernehmen. Schließlich stand mein Name auf dem Cover, also war es ganz klar mein Fehler.

Wie geht es Ihnen damit, Fehler zuzugeben? Wenn Sie sich weigern zu sagen: »Es tut mir leid«, könnte das ein Grund dafür sein, dass Ihre Beziehung zu Ihrer Familie gelitten hat. Es könnte sogar einer der Gründe dafür sein, dass Sie einsam sind. Um die Verbindungen zu Familienmitgliedern und anderen Menschen wiederzubeleben, müssen Sie unter Umständen Ihren Stolz begraben. Es kann sein, dass Sie um Verzeihung bitten müssen, selbst wenn der Anlass dafür schon Jahre zurückliegt. Wenn Sie zugeben, dass Sie etwas falsch gemacht haben, wird es Ihnen leichter gelingen, die Beziehungen zu Ihrer Familie wieder ins Lot zu bringen.

Selbst wenn Ihr Fehltritt keine landesweiten Schlagzeilen produziert (mein Irrtum stand so ziemlich in jeder Zeitung und Zeitschrift der Vereinigten Staaten): Es ist nie zu spät, Dinge in Ordnung zu bringen. Halten Sie Ihr Ego in Schach, lassen Sie nicht zu, dass es noch mehr Distanzierung und Schmerz verursacht.

Channeln Sie Ihren inneren Hai

Um Beziehungen innerhalb der Familie aufrechtzuerhalten und zum Blühen zu bringen, ist ein dickes Fell wichtig, denn wenn Sie keinen Spaß verstehen, wenn Sie sich allzu leicht aufregen, können Sie ebenso gut beschließen, dass Einsamkeit keine so schlechte Lösung ist. Vielleicht ist Ihr Stiefvater ein unhöflicher Mensch. Vielleicht regen Sie sich über die politischen Ansichten Ihrer Mutter auf. Lernen Sie, darüber hinwegzusehen! Sie müssen sich ein richtig dickes Fell zulegen. Der Walhai hat die dickste Haut im gesamten Tierreich. Wenn Sie enge Familienbeziehungen pflegen wollen, müssen Sie Ihren inneren Hai channeln!

Bei Begegnungen mit Freds Verwandtschaft habe ich mehr als einmal den Mund gehalten. Einige Leute aus seiner Familie waren nicht gerade begeistert, als er ihnen ankündigte, wir würden heiraten. Ich war nicht die Braut, die sie sich für ihn gewünscht hatten. Ich war eine alleinerziehende Mutter, und sie fanden, ich sei nicht gut genug für ihn. Von dem Moment an, als Fred mir davon erzählte, musste ich lächeln und freundlich sein, wann immer ich sie traf, obwohl ich wusste, dass sie gegen unsere Hochzeit waren. Im Laufe der Jahre wurde meine Haltung ihnen gegenüber weicher. Sie behandelten mich liebevoll, und ich mochte sie sehr. Hätte ich an meinem Zorn festgehalten, hätten wir alle etwas verpasst.

Wenn sich jemand rücksichtslos verhält, ignorieren Sie es. Wenn es immer wieder passiert, sprechen Sie das Problem direkt an. Sorgen Sie dafür, dass sich keine Spannungen aufbauen und dass emotionale Verletzungen nicht anfangen zu eitern. Und sollten Sie davon erfahren, dass Familienmitglieder hinter Ihrem Rücken über Sie reden, denken Sie an den Walhai und halten Sie den Mund.

Gut zuhören

Ich erwähnte schon, dass ich zu Beginn, als ich in die Vereinigten Staaten kam, kaum Englisch sprach. Ich beherrschte ein paar höfliche Floskeln, doch aufgrund meiner Erfahrung als Flüchtling fiel es mir schwer, mich in New York zurechtzufinden und ein weiteres Mal von vorn anzufangen. Meine Rettungsleine war eine deutschsprachige jüdische Zeitung namens *Aufbau*. Eines Tages, als ich diese Zeitung las, sprang mir eine Anzeige ins Auge, die mein Leben verändern sollte: Die New School of Social Research bot ein Stipendium an für ein Master-Studium in Soziologie. Ein Stipendium, für das sich nur Opfer des Nationalsozialismus bewerben konnten. Gleich am nächsten Tag ging ich zu der Schule, und 24 Stunden später hatte ich das Stipendium in der Tasche. Und an der New School lernte ich dann Hannah Strauss kennen, die schnell meine beste Freundin wurde.

Mehr als irgendein anderer Mensch davor oder danach lehrte mich Hannah eine der wertvollsten Lektionen zum Thema Erhalt von tiefreichenden Verbindungen: Sei eine gute Zuhörerin. Hannah schien alles zu schätzen, was ich sagte. Wenn wir miteinander sprachen, hatte ich immer das Gefühl, dass sie mir ihre gesamte Aufmerksamkeit schenkte. Nie redete sie meine Probleme klein, und wenn ich gute Nachrichten hatte, wollte sie sie immer hören. Durch ihr aktives Zuhören, durch ihre Geduld und ihre ungeteilte Aufmerksamkeit gab sie mir stets das Gefühl, wichtig zu sein. Und weil das ein so gutes Gefühl war, mochte ich sie noch mehr. Als ich Therapeutin wurde, gab ich mir größte Mühe, Hannahs Verhalten – ihre ganze Lebensweise – nachzuahmen. Ich wollte in meiner Privatpraxis die beste nur denkbare Zuhörerin sein und meinen Klienten helfen, eigene Lösungen zu entwickeln. In meiner Radiosendung wollte ich den Anruferinnen und Anrufern das Gefühl vermitteln, dass ihre Sorgen Bedeutung hatten und dass ich sie und ihre Fragen nicht verurteilte.

Wenn Sie zuhören, können Sie nicht reden. Und wenn Sie nicht reden, wirken Sie auf keinen Fall besserwisserisch. Es kann Ihnen auch nicht passieren, dass Menschen sich in Ihrer Gegenwart wegen ihrer Unentschlossenheit oder ihres Handelns dumm vorkommen. Familienmitglieder werden häufiger Ihre Nähe suchen, Ihre Beziehungen werden sich vertiefen, wenn Sie die Sorgen der anderen anerkennen und nicht ständig mit Ihrer eigenen Meinung dazwischenfahren. Hören Sie sich die Probleme Ihrer Kinder an, ohne sofort eine Lösung parat zu haben.

Brüche in Familien entstehen oft dort, wo zu viel geredet und zu wenig zugehört wird. Wenn Sie das nächste Mal einen unerbetenen Rat erteilen wollen, denken Sie an Hannah: Machen Sie so oft wie möglich die Ohren auf und den Mund zu.

Zeigen Sie sich verletzlich

Ich stamme aus einer langen Generationenfolge von deutschen Jüdinnen und Juden, die sich normalerweise nicht beschweren. Meine Familie hielt eine stoische Haltung stets für das Beste. Daran halte ich mich bis zu einer gewissen Grenze immer noch, doch ich kann meine persönlichen Probleme nicht mehr ganz und gar für mich behalten. Schon wegen meines Alters muss ich akzeptieren, dass es Herausforderungen gibt, mit denen ich allein nicht fertigwerde. Ich erzähle meiner Tochter Miriam und meinem Sohn Joel alles, was meine Gesundheit angeht, und sie sorgen dafür, dass ich die Hilfe bekomme, die ich brauche, um mich in meiner Wohnung sicher zu bewegen. Es ist mir nicht leichtgefallen, zuzugeben, dass ich Hilfe brauchte. Ich hätte mir auch früher schon viel öfter helfen lassen sollen. Hätte ich das getan, dann wäre mein Leben als junge berufstätige Mutter einfacher gewesen.

Ich wünsche mir sehr, dass Sie aus meinen Erfahrungen lernen und häufiger um Unterstützung bitten. Damit ist auf keinen Fall gemeint, dass Sie mit einem Schild um den Hals durch die Nachbarschaft laufen sollen, auf dem steht: »Ich bin einsam«. Aber ich möchte, dass Sie Ihren eigenen Ambassador to Loneliness ernennen. Suchen Sie sich wenigstens ein Familienmitglied aus, dem Sie erzählen, wie Sie sich wirklich fühlen. Vielleicht kann ein Cousin, eine Tante oder ein Großelternteil diese Rolle übernehmen. Vertrauen Sie sich dieser einen Person an. Und geben Sie Ihrem Botschafter die Erlaubnis, anderen in der Familie zu sagen, dass Sie sich über mehr Textnachrichten, Anrufe und Besuche freuen würden.

Einsamkeit kann man nicht sehen. Vielleicht wirken Sie nach außen hin so fröhlich, dass niemand in Ihrer Familie auf die Idee kommt, Sie könnten sich einsam fühlen. Wenn Sie nicht zugeben, dass Sie Hilfe brauchen, besteht die Gefahr, dass die Hilfe niemals kommt.

Sprechen Sie die Namen aus

Es gibt viele Gründe, warum über das eine oder andere Familienmitglied nicht mehr gesprochen wird. Tod. Gefängnisaufenthalt. Scheidung. Drogen. Irgendein böser Streit. Misshandlung oder Missbrauch. Sie können einen geliebten Menschen nicht wieder lebendig machen, und es wird Ihnen auch nicht gelingen, die allgemeine Meinung über das schwarze Schaf der Familie umzukehren, doch Sie können entscheiden, was Sie in jeder beliebigen Situation tun und sagen.

Erzählen Sie von Ihrer Schwester, Ihrem Bruder, Ihrer Mutter oder Ihrem Vater, auch wenn es niemand sonst tut. Erwähnen Sie den Namen in einem Gespräch. Sie können die eine Person in Ihrer Familie sein, die sich an einen Geburts- oder Todestag erinnert.

Wenn Sie ignorieren, dass es da einen wichtigen Menschen in Ihrer Familie gab und dass Sie offenbar das einzige Familienmitglied sind, das sich noch erinnert oder dem dieser Mensch etwas bedeutet, dann kann es sein, dass Sie sich einmal mehr allein oder ohne Verbindung fühlen. So etwas kann Ihrer Einsamkeit die Krone aufsetzen: Sie vermissen einen geliebten Menschen und können nicht über ihn oder sie sprechen. Um die Einsamkeit zurückzudrängen, sprechen Sie den Namen laut aus. Und tun Sie das immer wieder, wenn Ihnen danach zumute ist oder wenn Sie Verbundenheit besonders nötig haben.

Finden Sie eine Ausrede

Wenn Sie mit irgendwelchen Mitgliedern Ihrer Familie nur deshalb nicht mehr sprechen, weil zu viel Zeit vergangen ist, könnte es sich lohnen, sich eine Ausrede einfallen zu lassen, um den Kontakt wieder aufzunehmen. Natürlich können Sie Ihre Cousine auch aus heiterem Himmel anrufen, aber das fühlt sich vielleicht komisch an. Ein vollkommen akzeptabler Grund wäre die Bitte um

Hilfe bei einem Familienforschungsprojekt. Und wenn Sie Ihren Stammbaum gar nicht erforschen und auch nicht damit beschäftigt sind, Ihre Familiengeschichte aufzuschreiben? Dann wird es Zeit, dass Sie damit anfangen. Am besten sofort!

Der erste Anruf gilt lediglich der Einladung, Sie bei dem Projekt zu unterstützen. Sollte das Familienmitglied zufällig in Ihrer Nähe leben, schlagen Sie ihm vor: »Wollen wir uns die Fotos bald mal zusammen anschauen?« Wenn sich ein Zweiertreffen seltsam anfühlt, können Sie ja versuchen, eine kleine Gruppe von Verwandten zusammenzubringen. Bei einem Treffen könnten alle von ihren Erinnerungen erzählen, und ich wette, wer auch immer daran teilnimmt, wird hinterher ein Gefühl von wichtiger Verbundenheit empfinden. Am meisten Sie, denn Sie haben ja die ganze Planung geleistet, damit so ein Treffen möglich wurde.

Wenn es eher Ihren Neigungen entspricht, einen Familienfilm zu drehen, könnten Sie Verwandte bitten, Ihnen für Interviews zur Verfügung zu stehen. Ich habe an mehreren Dokumentationen mitgewirkt, zweimal als Produzentin und einmal als Hauptdarstellerin: in *Ask Dr. Ruth* unter der Regie von Ryan White. Mag sein, dass Sie sich nicht als Dokumentarfilmer betrachten, aber vielleicht sollten Sie darüber noch einmal nachdenken. Die Arbeit an so einem Film macht nämlich Spaß, und außerdem können Sie damit Ihre Familie zurück in Ihr Leben holen. Doch egal, was für ein Projekt Sie sich aussuchen: Die gemeinsame Arbeit daran ist eine wunderbare Methode, um Familienbeziehungen zu kitten oder wiederzubeleben.

Veranstalten Sie einen Spieleabend mit der Familie

So wunderbar Ihre Beziehung zu Ihrem Ehemann und Ihren Kindern auch sein mag, die alltäglichen Herausforderungen des Familienlebens können dazu führen, dass Sie sich eher als Blitzkoch fühlen denn als Elternteil, das gesehen, geschätzt und geliebt wird. Es ist aber kein gutes Rezept für mehr Verbundenheit, wenn Sie sich unbeachtet und nicht wertgeschätzt fühlen. Tatsächlich kann es eine tief sitzende Ursache von Einsamkeit sein, wenn Sie von Menschen umgeben sind, die Ihnen eigentlich das Gefühl geben sollten, vollständig zu sein, Sie aber eher wie ein Möbelstück behandeln.

Da können Spieleabende tatsächlich eine Hilfe sein. Ein paar Stunden lang kann die ganze Familie zusammen spielen, ohne sich um Haushalt, To-do-Listen oder Hausaufgaben zu kümmern. Endlich sehen die Kinder ihre Eltern einmal als Spielkameraden und nicht als Aufsichtspersonen. Eine solche Auszeit, bei der nur gespielt wird, kann sehr viel Nähe und Verbindung stiften.

Als ich anfing berühmt zu werden, bekam ich alle möglichen Anfragen, meinen Namen für verschiedene Produkte zur Verfügung zu stellen. Die meisten dieser Anfragen lehnte ich ab, weil die Ratschläge, die ich geben konnte, wichtig waren und ich nicht wollte, dass mich die Leute für eine Werbetante hielten. Ich wollte als qualifizierte Expertin bekannt werden, weil mir wichtig war, dass die Menschen meinem Rat vertrauten. Doch bei einem Brettspiel machte ich eine Ausnahme – *Dr. Ruth's*

Game of Good Sex. Ich fand, das sei eine tolle Möglichkeit, einem noch breiteren Publikum wertvolle Sexualerziehung zukommen zu lassen. Dieses Spiel würde ich übrigens nie für einen Familienabend empfehlen, schon weil es für Kinder wirklich nicht geeignet ist. Doch es gibt so viele andere wunderbare Spiele, an denen alle ihren Spaß haben.

Auf eine Art, mit der ich nicht gerechnet hatte, fühlte ich mich durch die Arbeit an *Dr. Ruth's Game of Good Sex* enger mit meinen Eltern verbunden. Zu Beginn des Projekts musste ich einen Namen für die Firma finden, die das Spiel herausbringen sollte. Ich entschied mich für Karola Inc., denn mein Geburtsname ist Karola. Als ich nach Israel auswanderte, sagte man mir, Karola würde zu sehr deutsch klingen, ich sollte mir einen anderen Namen suchen. Und so vertauschte ich meinen ersten und zweiten Vornamen und nannte mich Ruth, während Karola mein zweiter Vorname wurde.

Ich brachte es nicht fertig, Karola ganz abzulegen, denn wenn meine Mutter oder mein Vater am Ende doch die Konzentrationslager überlebt hatten und mich suchten, würden sie nur durch den Namen Karola auf mich aufmerksam werden. Dieser Traum wurde leider nicht wahr, doch indem ich meine Firma Karola Inc. nannte, stärkte ich die Verbundenheit mit ihnen und ließ das Gefühl einer Verbindung zu meinen Eltern neu erstehen.

Gemeinsam Spaß haben

Ich habe immer gern Schach gespielt. Sobald meine Enkelkinder alt genug waren, holte ich mein Schachbrett raus, und wir spielten gegeneinander. Es ist eine fantastische Art, Bindungen zu stärken, wenn wir in geistigen Wettstreit miteinander treten, egal mit welchem Spiel. Und bevor Sie jetzt sagen: »Aber meine Enkelkinder leben viel zu weit weg!«, kann ich Ihnen versichern, Sie können sogar über Landes- oder Staatsgrenzen hinweg mit ihnen spielen.

Meine Lieblingszeitung, die *New York Times*, hat einige wunderbare Spiele entwickelt, die helfen können, Familienbeziehungen zu stärken. *Wordle* und einige weitere gibt es inzwischen auch in anderen Sprachen. Das Großartige daran ist, dass alle dasselbe Spiel am selben Tag spielen und so in Verbindung bleiben, unabhängig von der räumlichen Entfernung. Und weil die Ergebnisse mühelos per Textnachricht ausgetauscht werden können, kenne ich viele Eltern, die z. B. mit ihren Kindern spielen, wenn diese auf dem College sind. So bleiben sie auch während des Semesters auf eine einfache und schöne Art mit ihnen in Verbindung.

Natürlich sind all die Punktezahlen und die Angeberei mit richtigen Lösungen nicht ernst gemeint. Doch der Nutzen verlässlicher sozialer Interaktion ist ausgesprochen ernst. Und es ist allemal leichter, in Verbindung zu bleiben, wenn wir gemeinsame Erlebnisse haben.

Zählen Sie nicht nach

Als Miriam ein Baby und ich eine ledige Mutter war, hatte ich kein Geld für einen Babysitter, der es mir möglich gemacht hätte, mit Verwandten oder Freunden auszugehen. Also veranstaltete ich Partys in meiner Wohnung. Diese Methode war so einfach und hatte so viel Erfolg, dass es solche Treffen in meinem Wohnzimmer auch noch gab, als Miriam längst erwachsen war. Larry Angelo, mein wunderbarer Co-Moderator von *Good Sex, with Dr. Ruth Westheimer* und anderen Fernsehsendungen, erinnert sich noch gut daran. »Jeder brachte etwas zu essen und zu trinken mit. Du hast diese Partys immer ›Bring-Something-Partys‹ genannt«, sagte er zu mir, als wir bei der Arbeit an seinem Buch darüber sprachen. Immer wieder stellte ich meine Wohnung für solche Treffen zur Verfügung und wurde irgendwann zur ewigen Gastgeberin.

Wenn es immer von Ihnen abhängt, dass Pläne gemacht werden, sei es für eine kleine Party oder ein großes Familientreffen, kann es leicht passieren, dass Sie sauer werden und sagen: »Jetzt reicht's.« Ich verstehe das Verlangen, nachzuzählen, wie oft Sie andere eingeladen haben, ohne dass die Einladung erwidert wurde. Doch ich möchte Ihnen Mut machen, anders darüber zu denken. Ihr Lohn ist nicht ein künftiges Abendessen bei Ihren Verwandten zu Hause. Ihr Lohn ist die Gelegenheit, den Kontakt zu anderen Menschen zu stärken, hier und jetzt, nach Ihrem eigenen Plan.

Wir können nicht wissen, was hinter den verschlossenen Türen eines anderen Familienmitglieds vor sich geht.

Vielleicht schämt sich Ihre Cousine für ihr unordentliches Zuhause. Vielleicht hat jemand nicht die finanziellen Mittel, um Getränke und alles andere zur Verfügung zu stellen. Am Ende des Tages lohnt es sich für Sie allemal, Gastgeberin oder Gastgeber zu sein, denn Sie fühlen sich auf diese Weise weniger isoliert. Denken Sie gar nicht darüber nach, dass man Sie auch mal einladen könnte. Konzentrieren Sie sich auf das gute Gefühl, dass Sie Verwandte haben, mit denen Sie Zeit verbringen können, und genießen Sie das Zusammensein.

Seien Sie ein Teamplayer – im wahrsten Sinne des Wortes

In meiner Therapiepraxis habe ich Klienten mit vielen verschiedenen sexuellen Problemen behandelt. Sehr häufig kamen Paare zu mir, die das Interesse an Sex verloren hatten. Und auch die Gründe, *warum* sie das Interesse verloren hatten, waren häufig dieselben. Sie waren in ein Muster verfallen, bei dem sie sich miteinander nicht mehr verbunden fühlten. Obwohl sie unter einem Dach lebten, in einem Bett einschliefen und wach wurden, fühlten sie sich einsam. Vielleicht einsamer, als sie als Singles gewesen wären, denn ihre Erwartungen an Nähe und Verbundenheit wurden ja nicht erfüllt.

Wenn Sie in diesem Bereich wieder in die Spur kommen möchten, denken Sie an Ihr Leben außerhalb des Schlafzimmers und überlegen Sie, was Sie zusammen tun könnten, um Spaß zu haben. Beziehungen leiden häufig darunter, dass Paare nichts mehr miteinander unternehmen. Es gibt genug Ballspiele, die paarweise gespielt werden, und ich finde die Vorstellung schön, dass ein Paar auch eine Mannschaft bildet. Übrigens liebe ich auch Tanzen. Vor allem die echten Paartänze wie Salsa, Foxtrott und so weiter funktionieren nur, wenn Sie sich aufeinander verlassen und sich synchron bewegen. Außerdem berührt man sich dabei sehr viel, was für Paare immer eine gute Sache ist.

Körperliche Aktivität ist in der Lage, emotionale Intimität wieder aufzubauen. Wenn Sie gemeinsam Sport treiben, müssen Sie zusammenarbeiten, um zu gewinnen. Wenn Sie miteinander tanzen, müssen Sie die Hände ineinander verschränken und sich am Becken berühren. Körperliche Nähe und synchronisierte Bewegungen stärken emotionale Bindungen. Außerdem schaffen sie gemeinsame Erinnerungen, die ihrerseits Paare in die Lage versetzen, die Bindung noch weiter zu vertiefen.

Unabhängig voneinander wachsen

Bitte verstehen Sie diese Empfehlungen aus dem vorigen Abschnitt nicht falsch: Sie müssen nicht jede freie Minute mit Ihrem Partner oder Ihrer Partnerin verbringen, um sich verbunden zu fühlen. Das Geheimnis liegt in einer gesunden Mischung aus gemeinsam und getrennt verbrachter Zeit. Irgendwo in der Mitte liegt der Punkt, an dem Sie sich ausgefüllt und vollständig fühlen. An diesem Punkt werden Sie sich auch selbst wiedererkennen und so fühlen, als gehörten Sie in Ihr Zuhause.

Als ich meinen dritten Ehemann Fred heiratete, hatte er bereits eine Geliebte: ein Stück Land am Lake Oscawana im Putnam Valley, New York State. Nichts liebte er mehr, als dort seine Zeit zu verbringen – mit mir oder ohne mich. Die Kinder und ich genossen das Wasser dort, doch wenn ich etwas anderes zu tun hatte (und mein Reiseplan war nun mal jahrelang ziemlich hektisch), verzichtete ich normalerweise darauf. Das fand er aber gar nicht schlimm, er war mehr als zufrieden damit, allein dorthin zu fahren. Wenn er ohne Gesellschaft in unserer Wohnung in Washington Heights gehockt hätte, wäre er wahrscheinlich sauer gewesen, weil ich ständig auf Reisen war. Und wenn ich meine Arbeit reduziert hätte, nur um ihm einen Gefallen zu tun, wäre ich sauer gewesen und hätte mich ungerecht behandelt gefühlt.

Beziehungen können durchaus davon profitieren, wenn sich beide Teile in eigene Richtungen bewegen. Einsamkeit entsteht, wenn wir aufgeben, was uns wichtig ist, oder wenn wir so viele Kompromisse eingehen, dass wir uns selbst nicht mehr spüren. Nehmen Sie eine schlechte Situation nicht einfach hin. Reden Sie mit Ihrem Partner oder Ihrer Partnerin darüber. Ein Leben im Selbstmitleid ist kein gutes Leben.

Schlagen Sie einen neuen Kurs ein

Wenn das Elend kein Ende nimmt, so viele Aktivitäten mit und ohne Partner Sie auch ausprobieren, sind Sie vielleicht besser dran, wenn Sie Ihre Beziehung beenden und noch mal von vorn anfangen. Glauben Sie mir, ich weiß, wovon ich rede. Ich war schließlich drei Mal verheiratet, und ich erwähnte ja schon, dass mein geliebter Fred mein dritter Ehemann war. Allerdings habe ich Ihnen noch nicht von den anderen beiden erzählt.

David war mein erster Ehemann. Wir lernten uns über gemeinsame Freunde kennen, als ich in einem Kindergarten in Israel arbeitete. Er war klug und sah gut aus, und was noch besser war: Er war klein und ein guter Tänzer. Ich verliebte mich sofort in David, innerhalb weniger Monate waren wir erst verlobt und dann verheiratet.

Und dann ging es gründlich schief. Wir hatten zu früh geheiratet und entwickelten uns auseinander.

Mein zweiter Mann hieß Dan. Ich lernte ihn in Paris kennen, als ich dort lebte. Gemeinsam beschlossen wir, Frankreich zu verlassen und in die Vereinigten Staaten zu gehen. Wir waren nicht verheiratet, doch als wir in New York ankamen, fanden wir über die Zeitung *Aufbau*, von der ich schon erzählt habe, eine gemeinsame Wohnung. Dann wurde ich aus Versehen schwanger und wir heirateten. Miriam wurde ein Jahr nach meiner Ankunft in Amerika geboren, doch nicht einmal Miriam, dieses wunderbare, perfekte Baby, konnte unsere Ehe retten.

Dan und ich stellten irgendwann fest, dass wir nicht zusammenpassten. Und es war ähnlich wie bei David: Wären wir gezwungen gewesen, zusammen zu bleiben, dann wäre ich in Elend und Einsamkeit versunken. Er war einfach nicht der richtige Mann für mich und würde es nie sein, selbst wenn wir eine Ewigkeit zusammen verbracht hätten.

Haben Sie und Ihr Partner, Ihre Partnerin, sich auseinandergelebt? Könnte eine Eheberatung helfen? Möglicherweise. Doch Therapeuten sind keine Zauberer, und wenn eine Beziehung zu Ende gehen muss, ist es besser, sie geht schnell zu Ende. Die finanzielle Situation kann eine Trennung kompliziert machen, doch ich hoffe, Sie finden einen anderen Menschen, der Sie glücklicher macht und Ihnen das Gefühl gibt, vollständig zu sein. Solange Ihr Geist frei fliegen kann, haben Sie auch die Freiheit, sich selbst wieder kennenzulernen und eine neue, erfüllendere Liebesbeziehung aufzubauen.

Halten Sie Kontakt zur Schwiegerfamilie

Dan hatte keine Familie, aber David schon, und nach unserer Scheidung sorgte ich dafür, dass der Kontakt zu dieser Schwiegerfamilie erhalten blieb. Wie Sie wissen, hatte ich meine Mutter, meinen Vater und meine Großeltern im Holocaust verloren. Abgesehen von einem Onkel, der in Kalifornien lebte, hatte ich vor Miriams Geburt überhaupt keine Familie. Schon deshalb wollte ich Davids Familie nicht verlieren. Speziell mit seinem Vater blieb der Kontakt noch jahrelang erhalten.

Manche Leute begehen den Fehler, sich im Zuge einer Scheidung auch gleich von ihrer halben Familie zu trennen. Dasselbe kann auch nach dem Tod des Partners oder der Partnerin geschehen. Nach einer bitteren Trennung kann es unvermeidlich sein, dass man getrennte Wege geht, doch viele Ehen enden ja nicht so dramatisch. In diesen Fällen müssen Sie sich nur ein bisschen Mühe geben, um die Verbindung zur Schwiegerfamilie aufrechtzuerhalten. Und nach einem Todesfall ist es womöglich noch einfacher. Trennen Sie sich nicht leichtfertig von einer ganzen Gruppe Menschen, die Sie bereits kennen und lieben.

Wie man das macht? Rufen Sie an, um zum Geburtstag zu gratulieren. Plaudern Sie ein bisschen. Wenn möglich, verabreden Sie sich mit Ihrer ehemaligen Schwiegermutter oder Ihrem Schwiegervater zu einem Treffen. Wenn in der betreffenden Familie Geschenke ausgetauscht werden, machen Sie damit weiter. Jede Demonstration guten Willens hilft Ihnen, diese ungemein wichtigen Verbindungen zu erhalten oder wieder aufzubauen.

Bleiben Sie in Kontakt mit Ihren Lieben

Der älteste Gegenstand, den ich besitze, ist ein Waschhandschuh. Neben einigen Fotos von meinen Eltern und Großeltern ist er der einzige Besitz, der noch aus meiner Kindheit stammt. Er ist eigentlich ganz praktisch, ich könnte ihn zum Duschen oder Baden benutzen, aber ich mache ihn nie nass, sondern behandle ihn eher wie ein Museumsstück. Er ist in einem Plastikbeutel eingeschweißt, sodass ich ihn ansehen kann, aber keine Sorge haben muss, er könnte schmutzig werden oder Flecken abbekommen.

Diesen Waschhandschuh habe ich mitgenommen, als ich Deutschland verließ und in den Zug einstieg, der mich in die Schweiz bringen sollte. Ich packte ihn in meine Reisetasche, als ich weiterzog nach Israel, und ich achtete darauf, dass er in meinem Koffer lag, als ich von Israel nach Frankreich und später in die Vereinigten Staaten reiste. Heute bin ich 96 Jahre alt; als ich Frankfurt verließ, war ich zehn. Ein paar weiße und dunkelblaue Fäden sind herausgezogen und ausgefranst, doch die meisten orangefarbenen und gelben sind noch ganz intakt – was mir fast wie ein Wunder vorkommt. Ich bin der Ansicht, Gegenstände können die Beziehung zu unseren Lieben vermitteln. Dieser Waschhandschuh erinnert mich an meine Eltern und hilft mir, mich mit ihnen verbunden zu fühlen.

Verstorbene Familienmitglieder können ihren Platz in unserem Leben behalten. Auch wenn sie nicht mehr körperlich anwesend sind, können sie mithelfen, dass wir uns weniger allein fühlen. Es gibt ein Buch aus den 1990er Jahren mit dem Titel *Continuing Bonds*, das wegen seiner Gedanken über die Verbindung mit verstorbenen Lieben gerade auch unter Therapeutinnen und Therapeuten auf große Zustimmung stieß. Die Autoren vertreten die Auffassung, dass unsere Hingabe und Zuneigung mit dem Tod nicht enden und dass die Hinterbliebenen deshalb die Bindungen zu einer verstorbenen geliebten Person nicht abschneiden müssen. Die Verbindung kann durch »Träume, Erinnerungen, Gespräche … und geschätzte Gegenstände, die uns an sie erinnern« fortgesetzt werden.

Ich denke übrigens auch, dass wir mit unseren verstorbenen Lieben sprechen können.

Nehmen wir an, Ihre Mutter ist gestorben, als Sie schon erwachsen waren, und Sie hatten eine gute Beziehung zueinander. Wenn Sie nun eine Frage im Kopf haben, bei der Sie denken, es wäre schön, wenn sie noch leben würde und Ihnen antworten könnte, dann wird in Ihren Gedanken vermutlich eine Antwort auftauchen, die sie formuliert hätte. Weil Sie Ihre Mutter gut gekannt haben, wird Ihr Unterbewusstsein Ihnen ein lebendiges Bild von einem Gespräch mit ihr malen. Ich möchte Ihnen wohlgemerkt nicht empfehlen, den ganzen Tag mit Ihrer toten Mutter zu reden, aber wenn Sie es ab und zu tun und diese Gespräche Ihre Einsamkeit lindern, dann ist doch alles in Ordnung. Es sollte Sie auch nicht beunruhigen, wenn Sie bei einem solchen Gespräch weinen müssen. Das ist okay und nichts Ungewöhnliches.

Ich will Ihnen noch etwas über meinen Waschhandschuh und seine große Bedeutung für mich erzählen. Er ist mit meinen Initialen bestickt – K.S. für Karola Siegel. Der Stickfaden ist leuchtend rot, doch man sieht die Buchstaben nicht von außen. Sie sind innen angebracht, wo sie das Handgelenk berühren würden, wenn man den Waschhandschuh überzieht. Sehen kann man die Stickerei nur, wenn man innen hineinsieht. Allein das Wissen, dass diese Buchstaben da sind, schickt mich gelegentlich auf eine Zeitreise nach Frankfurt und zu meiner Familie.

Seien Sie barmherzig mit sich

Wir alle sind echte Meister darin, uns selbst Vorwürfe zu machen. Vielleicht haben Sie Ihren Eltern, Geschwistern oder Kindern viel Kummer bereitet. Vielleicht sind

Scham und Schuldgefühle die Gründe für Ihre Einsamkeit.

Seien Sie barmherzig mit sich.

Was auch immer Sie angestellt haben, wen auch immer Sie verletzt haben: Sperren Sie sich nicht in einem selbst gemachten Verlies ein. Wenn Sie etwas wiedergutmachen müssen, tun Sie das. Unternehmen Sie große oder kleine Schritte, um den Schaden zu reparieren, den Sie verursacht haben. Setzen Sie einen Heilungsprozess in Gang, sodass Sie sich anderen Menschen gegenüber wieder öffnen können. Verschließen Sie sich nicht!

Jeder Mensch ist es wert, enge Beziehungen zu haben. Und wenn Sie jemand fragt, sagen Sie ihm, ich hätte es gesagt.

Auf der Suche nach einer neuen Familie

Wenn Sie aus irgendeinem Grund keine Familie (mehr) haben, glauben Sie mir: Sie können eine neue Familie aufbauen. Ein Netz von Familienmitgliedern, die Sie sich selbst ausgesucht haben, kann Ihre Einsamkeit lindern. Es spielt keine Rolle, warum Sie keine Familie mehr haben. Vielleicht geht es Ihnen so wie mir, und sie sind alle gestorben. Vielleicht leben Sie aus irgendwelchen Gründen nicht mehr in Ihrer Nähe. Muss das bedeuten, dass Sie keine Familie mehr haben, mit der Sie Zeit verbringen können? Muss das heißen, dass Sie keinerlei Unterstützung haben, wenn Sie sie brauchen? Meine Antwort ist immer dieselbe: Nein, absolut nicht!

Mein Leben lang habe ich Menschen, die bereit waren, enge Freunde und nicht nur Bekannte zu sein, in meine Definition von Familie aufgenommen. Ich konnte mich auf diese Menschen verlassen und sie sich auf mich, egal, ob sie in derselben Straße lebten oder auf einem anderen Kontinent. Ich investierte sehr viel Energie in den Kontakt zu diesen Freunden, ähnlich viel wie die meisten Menschen in den Kontakt zu ihrer Verwandtschaft investieren. So entstand allmählich eine neue Familie aus meiner Sehnsucht nach dem Gefühl von Sicherheit und bedingungsloser Liebe, das eine Familie uns schenkt.

Wie könnte das für Sie in der Praxis aussehen?

Nehmen wir an, Sie haben Freunde, die weit entfernt leben. Seit längerer Zeit haben Sie keinen Kontakt gehabt, und jetzt fühlt es sich seltsam an, die Verbindung wieder aufzunehmen. Überwinden Sie dieses Gefühl! Unabhängig vom räumlichen und zeitlichen Abstand – geben Sie sich einen Ruck, suchen Sie Kontakt. Und halten Sie ihn!

Wenn Sie aus Freundschaften so etwas wie familiäre Beziehungen machen wollen, dann müssen Sie proaktiv vorgehen. Einige Freunde werden vielleicht zögern, sich stärker in Ihr Leben einbeziehen zu lassen, doch ich denke, die meisten werden die Möglichkeit begrüßen. Sie werden gern mehr Zeit mit Ihnen verbringen und Sie noch besser kennenlernen.

Aber natürlich brauchen Sie erst einmal ein paar gute Freunde, um mit diesen Menschen familiäre Beziehungen zu entwickeln. Im nächsten Kapitel werden wir darüber sprechen, wie Sie solche Freunde finden.

Freunde und Geliebte

Jeder einzelne Mensch auf unserem großen Planeten könnte potenziell ihr Freund oder ihre Freundin sein. Oder ein Geliebter, eine Geliebte. Ich weiß, das klingt übertrieben und überfordert Sie vielleicht sogar ein bisschen, aber ich möchte Ihnen schließlich Hoffnung schenken! Sagen Sie es sich einfach immer wieder, bis Sie es glauben: Ich werde neue Freundschaften schließen. Ich werde einen Liebespartner, eine Liebespartnerin finden.

Wenn Sie dann immer noch überzeugt sind, dass ein Wunder nötig sein wird, um Sie aus Ihrer misslichen Lage zu erlösen, denken Sie daran: Wunder geschehen. Mein Leben jedenfalls war bis zu einem gewissen Grad voll davon. Doch Sie dürfen nicht passiv auf ein göttliches Eingreifen oder unerklärliche Glücksfälle warten. Freunde und Geliebte tauchen im Allgemeinen nicht einfach so auf, ohne sich anzukündigen. Beziehungen mit Bedeutung müssen gepflegt werden.

Wenn Sie einen echten Freund oder genau den richtigen Liebespartner finden wollen, müssen Sie viele Menschen kennenlernen. Letztlich ist es eine Frage von Zahlen und Mengen. Es kann sein, dass Sie jemanden kennenlernen und wirklich viel Zeit miteinander verbringen, und aus irgendeinem Grund löst sich die Beziehung auf. Deshalb rate ich Ihnen, Ihre Chancen zu erhöhen, indem Sie viele Samenkörner in die Erde legen und schauen, welche aufblühen. Die Ideen in diesem Kapitel werden Ihnen dabei helfen.

Die Kernaussage dieses Buchs lautet ja: Sie können sich nur selbst aus der Einsamkeit befreien. Und das geht nicht über Nacht, es ist ein Weg, den Sie bewusst und Schritt für Schritt gehen müssen. Sie müssen das Feld Ihrer Verbindungen bestellen, wie es ein Bauer mit seinem Acker tut. Sie müssen es bearbeiten, wenn es Früchte tragen soll. Sobald Sie diesen Gedanken verinnerlicht haben, werden Sie das alles auch nicht mehr so mühsam finden. Nur wenn Sie sich verschließen und nichts tun, sind Sie gezwungen, sich weiterhin abgetrennt und allein zu fühlen.

Die Strategien, von denen in diesem Kapitel die Rede ist, geben Ihnen eine Anleitung, wie Sie genau die Freundschaften fördern, nach denen Sie sich sehnen. Freundschaften, die Sie trösten und erfüllen und Ihnen – wenn es um erotische Beziehungen geht – jede Menge großartigen Sex ermöglichen. Und rechnen Sie ruhig mit dem einen oder anderen Wunder! Solange Sie sich in die richtige Richtung bewegen, kann alles Mögliche passieren!

Erweitern Sie Ihren Wortschatz

Das Wort »Freund« oder »Freundin« kann vieles bedeuten. Es gibt zufällige Freundschaften, solche, die durch die gemeinsame Arbeit entstehen, Freunde von Freunden, beste Freundinnen für alle Zeiten, Kindheitsfreunde,

Schönwetterfreundinnen und Freunde, die Ihnen nützen. Lassen Sie sich nicht zu dem Gedanken verleiten, Sie seien dem Untergang geweiht, weil Sie keinen besten Freund haben. Ich glaube fest daran, dass es viele Arten von wertvollen Freundschaften gibt. Und wenn Sie sich darum bemühen, alle diese Arten zu entwickeln, werden Sie sich mit Sicherheit weniger isoliert fühlen.

Ich hatte in meinem Leben viele Arten von Freundinnen und Freunden, und sie alle haben mir etwas Besonderes geschenkt. Da gibt es meinen ältesten Freund und ersten Geliebten Putz (mit langem U). Wir haben schon seit Jahrzehnten nichts mehr miteinander, außerdem lebt er in Israel, doch wenn wir miteinander reden, erfüllt mich immer noch eine tiefe, befriedigende Verbundenheit. Und er nennt mich bis heute Karola. Dann gibt es da Cliff, den ich vor fast vierzig Jahren auf dem Höhepunkt des Dr.-Ruth-Hypes kennenlernte. Er war gerade mit dem College fertig, und ich brauchte jemanden, der mir mit der Büroarbeit half, vor allem mit den Tausenden Fanbriefen, die ich jede Woche erhielt. Wir entwickelten eine so enge Bindung zueinander, dass ich ihn später als persönlichen Assistenten und als Produktionsassistenten mitnahm, als es mit meiner landesweit ausgestrahlten Fernsehsendung *Ask Dr. Ruth* losging. Noch heute, vierzig Jahre später, besucht er mich fast jede Woche. Außerdem telefonieren wir miteinander, und da er in einer Band spielt, habe ich ihn auch schon öfter auf der Bühne gesehen.

Ein weiterer wunderbarer Freund ist Erik, den ich noch nicht so lange kenne. Erik hat eine Wohnung im selben

Haus wie ich, sodass wir uns fast jeden Tag sehen, oft sogar zwei Mal am Tag. Wir arbeiten zusammen an einem Musikprojekt, das Großeltern und Enkelkinder zusammenbringen soll. (Im Jahreskalender am Ende dieses Buches erfahren Sie mehr darüber.)

Vielleicht ist Ihnen aufgefallen, dass ich bis jetzt nur Männer erwähnt habe. Ich habe auch viele gute Freundinnen, aber ich wollte mit dieser kleinen Aufzählung etwas Bestimmtes zeigen: Sie können mit jedem Menschen Freundschaft schließen, unabhängig vom Geschlecht und von der sexuellen Orientierung. Schließen Sie niemanden von vornherein aus, weil Sie glauben, ein Freund oder eine Freundin müsse dieselbe Anatomie oder sexuelle Orientierung haben wie Sie.

Natürlich ist es eine wunderbare Sache, wenn Sie einen besten Freund oder eine beste Freundin fürs Leben haben. Aber auch ohne einen solchen Menschen können Sie ein reiches Leben voller Verbundenheit führen. Klammern Sie sich nicht an die Idee, Sie müssten auf Anhieb einen *best buddy* finden. Ich möchte Sie erst einmal dazu ermutigen, Menschen kennenzulernen, mit denen Sie Zeit verbringen können. Im zweiten Schritt sollten Sie dann allmählich besonders intensive und lohnende Verbindungen zu jenen aufbauen, die Ihnen am vielversprechendsten erscheinen.

Pflegen Sie bewusst Ihren Bekanntenkreis

Sie müssen der Boss Ihres sozialen Lebens sein. Wenn Sie darüber entscheiden, mit wem Sie Zeit verbringen, wenn Sie selbst bestimmen, welche Beziehungen Ihnen wichtig sind, dann sind Sie auch viel eher in der Lage, jene Verbindungen zu pflegen, die sich auf gemeinsame Werte und Interessen gründen und Ihnen Freude machen. Wenn Sie aus Faulheit, Gewohnheit oder Trägheit mit Menschen zusammen sind, nicht aus ehrlichem Interesse oder weil Sie sich gut dabei fühlen – machen Sie Inventur und nehmen Sie Veränderungen vor. Ihr Wohlbefinden hängt davon ab.

Wer mich kennt, weiß, dass ich Gejammer hasse. Menschen, die zu viel Zeit mit Genörgel verbringen, sind kaum in der Lage, positive Beziehungen zu entwickeln. Ich rate Ihnen deshalb, sich mit Menschen zu umgeben, die gerne und aktiv leben. Meiden Sie Menschen, die ständig jammern. Die ziehen Sie nur runter und erweitern Ihre Welt mit Sicherheit nicht in der Weise, die Sie sich erhoffen.

Doch auch hier geht es nicht um Schwarz-Weiß-Denken. Sie müssen niemanden aus Ihrem Leben verbannen, solange dieser Mensch Sie ein bisschen glücklich macht. Es geht vor allem darum, Ihren Bekanntenkreis bewusst und schrittweise zu erweitern. Und dann verbringen Sie einfach mehr Zeit mit positiven, optimistischen Menschen, die Sie in diesem Kreis finden.

Urteilen Sie nicht nach Äußerlichkeiten

Zweifellos werden Sie irgendwann jemandem begegnen, der auf den ersten Blick überhaupt nicht so aussieht, als könnte er für eine intensive Freundschaft oder gar für eine dauerhafte Partnerschaft infrage kommen. Doch ich rate Ihnen, niemanden nach seiner äußeren Erscheinung oder dem ersten Eindruck zu beurteilen. Wenn Sie vorschnell entscheiden, schneiden Sie sich vielleicht von einer Verbindung ab, bevor sie überhaupt begonnen hat.

Mir ist es einmal passiert, dass ich eine großartige Gelegenheit um ein Haar verpasst hätte, weil ich sie zu schnell als unbedeutend abtat. Ich war auf Reisen – ich weiß nicht mehr, wo –, als Pierre anrief und mir sagte, dass der Verlag mit den »Dummies«-Büchern gern von mir ein Buch *Sex für Dummies* haben wollte. Da ich die Reihe nicht kannte, antwortete ich: »Sag denen ab, ich schreibe keine Bücher für Dummköpfe.« Doch Pierre hörte nicht auf mich und sagte dem Verleger erst einmal, er könne mich nicht erreichen. Ihm war vollkommen klar, dass ich gerade dabei war, einen großen Fehler zu begehen. Als ich zurück in New York war, überredete er mich, in eine Buchhandlung zu gehen und mir die Dummies-Bücher anzusehen. Und nachdem ich das getan hatte, änderte ich meine Meinung. *Sex für Dummies* war ein großer Erfolg mit Hunderttausenden verkauften Exemplaren; es wurde in siebzehn Sprachen übersetzt.

Ich gebe zu, als ich das Wort »Dummies« hörte, reagierte ich nur darauf. Und das war falsch. Was Ihre Freundschaften angeht, kann ich Ihnen nur raten: Lassen Sie sich von vorschnellen Urteilen nicht die Chancen auf eine gute und befriedigende Beziehung verderben. Sie können wertvolle Verbindungen zu Menschen aufbauen, die andere politische Ansichten oder einen anderen religiösen Glauben haben. Ich wette, dass Ihnen jemand, den Sie zu Beginn gar nicht attraktiv fanden, ans Herz wachsen kann.

Der erste Eindruck *kann* Ihnen alles sagen, was Sie wissen müssen. Aber das ist nicht immer der Fall. Geben Sie anderen Menschen eine zweite oder sogar dritte Chance. Vielleicht finden Sie auf diese Weise jemanden, mit dem Sie Freundschaft schließen können.

Machen Sie konkrete Pläne

Wenn Sie mit einem anderen Menschen etwas unternehmen wollen, geben Sie sich nicht mit oberflächlichen, unspezifischen Anrufen und Textnachrichten zufrieden. Einfach mal Hallo zu sagen oder die jüngsten Neuigkeiten auszutauschen, ist wichtig, um am Leben der anderen teilzuhaben. Aber wissen Sie, was dabei fehlt? Eine konkrete Verabredung, um sich zu sehen.

Wenn Sie also das nächste Mal einen Freund oder eine Freundin anrufen, schlagen Sie ein Datum, eine Uhrzeit und einen Ort vor, wo Sie sich persönlich treffen können. Lieber proaktiv als passiv! Indem Sie die Initiative ergreifen, erhöhen Sie die Wahrscheinlichkeit, dass Sie bekommen, was Sie sich wünschen – sei es ein Mensch, mit dem Sie zum Abendessen gehen können, oder eine Freundin, um eine Runde um den Block zu spazieren.

Und wenn jemand sagt: »Tolle Idee, ich rufe dich an«, und das dann nicht tut? Rufen Sie wieder an oder schreiben Sie eine Textnachricht. Drängeln Sie ruhig ein bisschen. Vielleicht ist der andere nicht so sehr auf Kontakt angewiesen wie Sie, deshalb müssen Sie Vorschläge machen. Wissen Sie, was ich tue? Wenn ich mich von einem lieben Freund verabschiede, frage ich jedes Mal: »Wann sehe ich dich wieder?« Das verzögert unseren Abschied um ein paar Minuten, aber das macht nichts. Meistens holen wir dann beide unseren Kalender (ich benutze nach wie vor einen auf Papier!) und markieren fröhlich ein Datum für unser nächstes Treffen.

Reservieren Sie Zeit

Es bedeutet einigen Aufwand, intensive Beziehungen zu schaffen. Wenn es einfach wäre, hätte der U.S. Surgeon General sich wohl kaum genötigt gefühlt, Einsamkeit zur Epidemie zu erklären. Wie ich schon im Ich-Kapitel sagte: Sie müssen Ihre Routinen anschauen und der Pflege von Beziehungen Priorität einräumen. Und das alles braucht Zeit.

Eine bahnbrechende Studie von Dr. Jeffrey Hall, dem Leiter des Relationships and Technology Lab an der University of Kansas, zeigt, dass es etwa 12000 Minuten braucht, eine neue beste Freundschaft aufzubauen. Für eine gute Freundschaft sind mindestens 120 Stunden in den ersten drei Wochen nötig und dann mindestens weitere 200 Stunden innerhalb von sechs Wochen, um aus einem Freund einen besten Freund zu machen.

Ich erwähne diese Studie nicht, um mir allzu viele Gedanken über die Anzahl von Minuten zu machen, die man braucht, um eine Freundschaft aufzubauen. Sie wissen ja schon, dass das eine gewisse Anstrengung verlangt. Tatsächlich geht es mir neben dem Zeitaufwand für Ihr soziales Leben um etwas anderes, was Dr. Hall ebenfalls herausgefunden hat: Wichtig ist, was Sie in dieser Zeit *tun*. Sie können seit Jahren in einem Buchclub sein und dieselben Leute immer wieder sehen – wenn Sie nichts tun, um diese Beziehungen voranzubringen, werden diese Menschen Bekannte bleiben, nicht mehr und nicht weniger.

Was also ist zu tun? Zunächst hoffe ich, dass Sie bereits einige der Strategien aus diesem Buch anwenden, dass Sie sich also nahbar machen und aktiv zuhören. Doch um die Verbindungen wirklich zu stärken, müssen Sie auf den Kontext achten.

Achten Sie auf den Kontext

Gemeinsame Aktivitäten sind der Treibstoff, der alle möglichen Beziehungen voranbringt. Der Grund dafür ist ein ganz einfacher: Wer beschließt, zusammen Spaß zu haben – oder sich etwas Zeit für ein privates Gespräch zu nehmen –, vermittelt damit Interesse statt Verpflichtung. Und gemeinsame Interessen sind lebenswichtig, wenn aus einer Bekanntschaft eine tiefere Verbindung werden soll.

Ein Freund von mir hat eine Loge für die Eröffnung der U.S. Open. Ich war bei diesem Tennis-Ereignis regelmäßig zu Gast, ebenso wie Ex-Präsident Bill Clinton. Wir saßen immer ein wenig abseits von den anderen und redeten die ganze Zeit – allerdings nicht über Tennis. Die Einladung hatte dafür gesorgt, dass wir zur gleichen Zeit am gleichen Ort waren, doch diese körperliche Nähe war nicht der Grund, warum wir eine dauerhafte Freundschaft entwickelt haben. Diese Freundschaft wuchs, weil wir bewusst entschieden, uns ein wenig abzuseilen und auf unser Zweiergespräch zu konzentrieren.

Gemeinsame Erlebnisse schaffen die Gelegenheit, Wertschätzung für bestimmte Menschen zu entwickeln und diese Menschen in einem anderen Licht zu sehen. Und solche Erlebnisse schenken uns auch die nötige Zeit, um Beziehungen zu pflegen.

Sprechen Sie offen

Es kann durchaus passieren, dass Sie jemanden kennenlernen, indem Sie gemeinsam herumalbern. Doch um Beziehungen zu stärken, müssen Sie einander an Ihrem Leben teilnehmen lassen und ernsthafte Gespräche führen. Die besten Gespräche sind die, bei denen Sie sich zumindest am Anfang ein bisschen beklommen fühlen. Aber geben Sie bitte nicht auf! (Erinnern Sie sich an das erste Mal, dass Sie Sex hatten? Das war vielleicht nicht das beste Erlebnis aller Zeiten, aber ich hoffe doch sehr, dass Sie danach jede Menge guten Sex und schöne Orgasmen erlebt haben!) Offenheit im Gespräch muss sich entwickeln. Folgen Sie meinem Rat, es ist wie beim Sex: Sie lernen das!

Offene Gespräche bringen Beziehungen voran. Wenn Sie erzählen, dass Sie Ihren Job verloren oder kürzlich eine schlimme Krankheitsdiagnose bekommen haben, wird sich die andere Person wahrscheinlich wohler dabei fühlen, ebenfalls persönliche Dinge aufs Tapet zu bringen. Durchaus denkbar, dass Sie auf diese Weise erfahren, dass Sie mit ähnlichen Herausforderungen oder Sorgen zu kämpfen haben. Freundschaften vertiefen sich, wenn Sie einander Vertrauliches mitteilen können, ohne fürchten zu müssen, dass man Sie deswegen verurteilt.

Ich bin mit Sicherheit vor allem aus einem Grund im Radio so populär geworden: Meine Hörerinnen und Hörer wussten, dass sie offen mit mir reden konnten. Wenn ich Anrufer mit den Worten »Sie sind auf Sendung« begrüßte, wussten sie, sie konnten mir alles erzählen, und ich würde niemals darüber lachen, kichern oder sie tadeln. Die Möglichkeit, offen zu sprechen, hat zu einer großen Nähe zwischen meinen Fans und mir geführt.

Das heißt alles nicht, dass Small Talk nichts taugt. Geplauder über Ihren Tag öffnet die Tür zu tiefergehenden Gesprächen. Und wenn Ihnen danach zumute ist, etwas tiefer zu gehen – tun Sie's.

Lassen Sie sich Zeit

Ein Faktor, den Beziehungen brauchen, um sich zu vertiefen und mehr Bedeutung zu bekommen, ist Zeit. Unstrukturierte Zeit, in der Sie die Freiheit haben, einfach dazusitzen und zu reden, ohne irgendeine anderweitige

Verpflichtung oder etwas anderes, was Sie tun müssten. Das heißt auch: Sie brauchen Gespräche ohne Anlass und Ziel.

Sheila Liming, Autorin des Buchs *Hanging Out: The Radical Power of Killing Time,* beschreibt »hanging out« als das Wagnis, nicht viel zu tun – und das in Gegenwart anderer Menschen.

Ein Wagnis? Ja, es ist ein Wagnis. Und auch wenn man es kaum glauben mag: Gemeinsam »rumzuhängen« verlangt eine gewisse Denkarbeit. Ich habe meine Fähigkeit dazu in Pariser Cafés entwickelt. Die Franzosen sind Meister in der Kunst, bei einer Tasse Kaffee ein Gespräch zu führen. Als wir an der Sorbonne studierten, waren wir so arm, dass wir manchmal in ein Café gingen und uns zu zweit eine Tasse Espresso teilten. Und dann saßen wir stundenlang da, machten unsere Bemerkungen über die Menschen, die an uns vorbeigingen, sprachen über Schriftstellerinnen, Maler, Ideen. Es war eine unglaubliche Zeit.

Als ich älter war und in New York lebte, verbrachte ich meine Zeit besonders gern im Elaine's, einem Restaurant auf der Upper East Side von Manhattan, wo häufig auch Prominente verkehrten. Mein Freund Josh hatte dort einen Tisch, der ständig für ihn reserviert war, und ich besuchte ihn, so oft ich konnte. Wenn wir dort saßen, redeten und Leute kennenlernten, vergaß ich die Zeit. Einige dieser Leute sah ich wieder und lernte sie noch besser kennen. Man konnte nie wissen, wer an »unserem« Tisch stehen bleiben würde, aber gerade das war ja so reizvoll. Und die Gespräche, die sich dabei ergaben, waren ebenso großartig wie weitschweifig.

Übrigens gibt es Grenzen – es gibt Dinge, über die ich nie rede. Ich mag keinen Klatsch, und ich rege mich in Gegenwart anderer Menschen nicht gern über Besorgungen oder Arbeiten auf, die ich erledigen muss. Das finde ich so langweilig! Wie sehr ich Gejammer hasse, wissen Sie ja schon.

Gibt es ein Restaurant oder Café in Ihrer Nähe, wo Sie einfach nur rumsitzen können? Vielleicht fangen Sie klein an. Laden Sie eine Freundin dorthin ein, und lassen Sie zu, dass diese Freundin wieder eine Freundin einlädt. Es wird nicht lange dauern, dann wird »Ihr Tisch« wachsen.

Eine Hand wäscht die andere

Wo wir gerade von Restaurants sprechen: Restaurantbesitzer können uns einiges über dauerhafte Beziehungen lehren. Wenn ich früher ins Spago in Beverly Hills ging, eins der wunderbaren Restaurants von Wolfgang Puck, servierte man mir dort zur Vorspeise Räucherlachs, und der ging aufs Haus. Das war nicht der einzige Grund, warum ich – und so viele Prominente – das Spago besuchten, doch es spielte durchaus eine Rolle. Und später, wenn wir gegessen hatten, kam Wolfgang immer an meinen Tisch, und wir sprachen ein bisschen auf Deutsch miteinander, was ich sehr genoss.

Soll man sich Freundschaft erkaufen? Ich würde sagen: Wenn es nötig ist, warum nicht? Aber das muss ich näher erklären.

Wenn ein paar von Ihren Kollegen nach der Arbeit ausgehen und normalerweise jeder sein Getränk selbst bezahlt, können Sie durchaus punkten, indem Sie die erste Runde spendieren. Bestechung? Nein, das finde ich nicht. Ein solches Verhalten sorgt für gute Stimmung und dafür, dass man freundlich von Ihnen denkt. Genau wie Wolfgang Puck im Spago mit etwas Räucherlachs für gute Stimmung sorgt. Seine freundliche, wenn auch wohlkalkulierte Eröffnung wirkte sich bei mir jedenfalls so aus, dass ich ihn noch mehr mochte als ohnehin und dass ich so oft wie möglich sein Restaurant besuchte.

Eine modifizierte Version dieses Ansatzes kann auch bei Ihnen funktionieren. Natürlich sollten Sie nicht so viel Geld ausgeben, dass Sie Ihre Miete nicht mehr bezahlen können, doch möglicherweise erleichtern ein paar Gläser Wein Ihnen den Weg zu neuen und wertvollen Beziehungen.

Veranstalten Sie Partys

Ihr Geburtstag kommt näher, und niemand hat sich mit irgendwelchen Plänen für diesen Tag angeboten? Da wäre die Versuchung groß, allein zu bleiben und zu schmollen. Keine gute Idee, ergreifen Sie lieber die Initiative. Erzählen Sie allen Ihren Bekannten, dass Sie demnächst Geburtstag haben, und laden Sie zu einer Party ein. Wenn das nicht möglich ist, spazieren Sie in die nächste Kneipe oder Bar und verkünden: »Lokalrunde, ich habe heute Geburtstag!« Ich garantiere Ihnen, die anwesenden Gäste werden gern mit Ihnen feiern. Und wissen Sie, was außerdem passieren wird? Wenn Sie das nächste Mal reinkommen, wird man sich an Sie erinnern und freundlich willkommen heißen.

Geburtstag hat man nur einmal im Jahr, aber es gibt noch jede Menge anderer Gelegenheiten für eine Party. Laden Sie Leute ein, um irgendeinen albernen Anlass mit Ihnen zu feiern. Von mir aus den Tag der Schokolade oder den Tag des Eistees. Mein Lieblingstag ist der Tag der Zwiebelringe. (Wenn Sie wissen wollen, warum dieser Tag meinem Herzen so nahe ist, googeln Sie ruhig mal »Dr. Ruth« und »onion rings«.)

Wohl möglich, dass andere Leute es ein bisschen seltsam finden, aus so albernen Gründen zu feiern. Andererseits werden sie wahrscheinlich ganz gern dabei sein, wenn sie den Eindruck haben, die Party könnte Spaß machen. Und nachdem es Ihnen ja darum geht, Ihre Kontakte zu vertiefen, dürfen Sie ruhig ein bisschen kreativ sein.

Schließen Sie Kompromisse

Wenn Sie viel Zeit allein verbringen, geht es Ihnen so wie vielen Reichen und Schönen: Sie bekommen immer, was sie wollen.

Übrigens könnte das einer der Gründe sein, warum Sie einsam sind.

Was gibt's zum Abendessen? Das entscheiden Sie. Sollten Sie fernsehen oder ein Buch lesen? Ihre Entscheidung.

Und so weiter und so fort. Irgendwann gewöhnen Sie sich an ein Leben ohne Reibung. Gut möglich, dass Sie überhaupt keine Kompromisse schließen müssen.

Doch Beziehungen leben vom Kompromiss. Wenn zwei Menschen nicht dieselbe Meinung vertreten, müssen sie verhandeln. Es ist ein Geben und Nehmen. Wenn Sie keine Erfahrung mit Kompromissen haben, werden Sie irgendwann stur. Sie werden vielleicht sogar sauer oder wütend, wenn nicht alles nach Ihrem Kopf geht. Und all das ist wenig hilfreich, wenn es darum geht, Verbindungen zu knüpfen oder zu erhalten.

Jede Beziehung, die dauerhaft sein soll, braucht Kompromisse. Wenn Sie das nächste Mal mit einem Freund oder jemandem aus Ihrer Familie eine Meinungsverschiedenheit haben, empfehle ich Ihnen, sich die Sache ganz genau anzusehen. Waren Sie zu aggressiv? Wollten Sie unbedingt, dass die Sache so läuft, wie Sie sich das vorstellen? Ich will damit nicht sagen, dass Sie Ihre Bedürfnisse und Wünsche ständig hintanstellen sollten. Beileibe nicht! Aber ich möchte, dass Sie entscheiden, welche Kämpfe wichtig sind und welche nicht. Ich wünsche mir, dass Sie sich der hohen Kunst des Kompromisses widmen, um Ihre Beziehungen noch besser zu pflegen.

Halten Sie sich an die Wahrheit

Als Fred und ich anfingen, miteinander auszugehen, habe ich ihn betrogen. Bis heute bin ich froh, dass diese Sache unsere Beziehung nicht zerstört hat. Ich hatte Fred zu einem selbst gekochten Abendessen eingeladen. Natürlich wollte ich ihn beeindrucken, doch ich bin leider eine miserable Köchin. Also brachte ich eine entfernte Verwandte dazu, das Essen für mich zuzubereiten, sodass ich es als mein eigenes Werk ausgeben konnte. Jedes Mal, wenn er in den folgenden Jahren eine meiner schrecklichen Mahlzeiten essen musste, erwähnte er, dass ich ihn dermaßen getäuscht hatte.

Mir ist durchaus klar, dass es schlimmere Lügen auf der Welt gibt, und vielleicht haben Sie ja auch mit einem größeren Skandal gerechnet, doch immerhin: Diese Täuschung hat Fred genug aufgeregt, dass er nie aufgehört hat, darüber zu reden. Ich trug damals noch nicht den Namen Westheimer, doch diesen Westheimer-Trick hat er mir nie so ganz verziehen. Ich hätte das nie tun dürfen, es war dumm und viel zu riskant. Er hätte sich von mir trennen können, weil ich sein Vertrauen missbraucht hatte. Aber ich bin ganz gut aus der Sache herausgekommen, und nun kann ich nur hoffen, dass Sie aus meinem Fehler lernen.

Selbst eine Lüge, die in Form von Verschweigen daherkommt, ist ein Problem. Ich habe zum Beispiel immer darauf hingewiesen, dass ich zwar einen Doktorgrad im Namen führe, aber keine Medizinerin bin. Meinen Doktor habe ich in Erziehungswissenschaften gemacht. Und ich bin zwar eine erfahrene Therapeutin, aber niemand soll denken, ich könnte wissenschaftlich fundierten Rat geben. Wenn Sie sich als etwas ausgeben, was Sie nicht sind, kommt das irgendwann heraus. Und dann kann es sein, dass eine Beziehung deshalb zerbricht. Das ist es nicht wert.

Feste Beziehungen gründen sich auf Ehrlichkeit und Transparenz. Wenn Sie zu Beginn einer Beziehung das Gefühl haben, Sie müssten sich reicher oder wichtiger darstellen, als Sie wirklich sind, dann sind die Menschen, die Sie beeindrucken wollen, höchstwahrscheinlich nicht die Freunde und Geliebten, die Sie brauchen. Jedes Mal, wenn Sie zusammen sind, wird Ihr Ego leiden, weil Sie wissen, diese Leute würden Sie weniger schätzen, wenn sie die Wahrheit wüssten. Ich möchte Ihnen sicher nicht empfehlen, Ihr Licht allzu sehr unter den Scheffel zu stellen, wenn Sie jemanden kennenlernen, doch es dürfte nicht schwerfallen, Themen oder Aktivitäten im Gespräch zu umschiffen, bei denen Sie nicht ganz so großartig aussehen.

Sagen Sie immer die Wahrheit, aber erzählen Sie vielleicht nicht alles auf einmal. Wenn ich noch einmal an den Abend mit Fred denke: Ich hätte nach dem Essen erwähnen können, dass mir jemand beim Kochen geholfen hatte und dass das Zusammensein mit ihm den zusätzlichen Aufwand wert war. Das wäre wesentlich besser gewesen und hätte mir mehr als dreißig Jahre Sticheleien erspart.

Manchmal braucht man Notlügen

Im Jahr 1947, nachdem ich jeweils ein Jahr in zwei verschiedenen Kibbuzim verbracht hatte (der eine lag südlich von Tel Aviv, der andere in der Nähe von Haifa), zog ich nach Jerusalem. Ich war begeistert, dort zu sein, doch ich fühlte mich auch schnell sehr einsam. Wenn ich an Freitagabenden allein durch die Stadt ging und in die Fenster all der Häuser blickte, in denen die Sabbat-Kerzen angezündet waren, dachte ich jedes Mal: *Die anderen haben alle eine Familie. Sie haben Menschen, mit denen sie zusammen sein können. Warum kann ich das nicht?*

Doch mein Leben in Jerusalem hatte auch einige ganz wunderbare Aspekte. Ich besuchte dort das Seminar, um Kindergarten-Erzieherin zu werden, und schloss viele neue Freundschaften. Doch fast im selben Takt, wie ich erwachsen wurde, verschärfte sich auch die politische Lage. Am 29. November 1947 nahmen die Vereinten Nationen einen Plan an, der vorsah, dass die Briten Palästina verließen und das Land in zwei Staaten aufgeteilt wurde, einen jüdischen und einen arabischen. Da diese massive Veränderung so viel Unruhe mit sich brachte, wurden jüdische Zivilisten aufgefordert, sich der Haganah anzuschließen, dem Vorläufer der heutigen israelischen Armee. Und das tat ich. (Mittlerweile werden Sie sich fragen, was diese Geschichte mit dem Thema Notlügen und Einsamkeit zu tun hat. Nur Geduld, Sie werden es gleich erfahren.)

Nach der Grundausbildung wurde ich für die verschiedensten Aufgaben eingesetzt, unter anderem als Botengängerin und Scharfschützin. Ich kann heute noch im Schlaf ein Gewehr auseinandernehmen. Das ganze folgende Jahr rund um die Gründung des Staates Israel wurde ich nicht ein einziges Mal verletzt. Doch dann, am 4. Juni 1948, ausgerechnet an meinem zwanzigsten Geburtstag, wurde ich Opfer eines Bombenanschlags. Drei

Menschen wurden getötet, davon einer, der direkt neben mir stand. Ich selbst spürte einen entsetzlichen Schmerz in beiden Beinen, meine Füße waren blutverschmiert. Die Oberseite meines einen Fußes war abgerissen worden, und ich hatte überall im Körper Schrapnellsplitter, auch im Hals. Ich wurde operiert und bin bis heute dankbar, dass der verletzte Fuß nicht amputiert werden musste.

So, und jetzt kommt die Pointe, die mit dem Thema Notlügen zu tun hat.

Es dauerte lange, bis ich mich erholt hatte. Und während meiner Zeit im Krankenhaus verliebte ich mich in einen der Pfleger, einen kräftigen, gut aussehenden blonden Mann. Vielleicht lag es daran, dass ich seit meiner Kindheit ohne Familie war, vielleicht auch an meinem Gefühl der Einsamkeit als junge Frau in Jerusalem – jedenfalls sehnte ich mich sehr nach seiner Zuneigung und Aufmerksamkeit. Damit er möglichst viel Zeit an meinem Bett verbrachte, tat ich so, als bräuchte ich etwas mehr Hilfe, als wirklich nötig war. Eine Notlüge. Eine kleine Notlüge, zu der ich griff, um mich weniger einsam zu fühlen. Nach meiner Entlassung aus dem Krankenhaus wurden wir tatsächlich ein Paar, jedenfalls für eine Weile.

Für mich war diese Notlüge in Ordnung. Die paar zusätzlichen Minuten, die er mit mir verbrachte, hielten ihn nicht davon ab, sich um seine andere Patienten zu kümmern. Ich wusste ja auch, dass für die besonders ernsten Fälle Triage-Pflegekräfte eingesetzt wurden. Doch wie entscheidet man, ob eine Lüge eine harmlose Notlüge ist oder nicht? Eigentlich ist es ganz einfach. Denken Sie an den Tag, an dem diese Lüge aufgedeckt wird. Wird man dann schlecht von Ihnen denken? Wird man vielleicht nie wieder etwas mit Ihnen zu tun haben wollen? Oder werden die anderen lächeln und wird Ihre Beziehung intakt bleiben?

Ich will Ihnen nicht empfehlen, eine Notlüge nach der anderen in die Welt zu setzen, um mögliche Freunde oder Geliebte für sich zu gewinnen. Doch was ist, wenn Ihnen jemand vorschlägt, ins Kino zu gehen und sich eine romantische Komödie anzusehen, und Sie gehen mit, obwohl Sie diese Art von Filmen hassen? Damit beweisen Sie lediglich Ihre Fähigkeit zum Kompromiss. Niemand kommt zu Schaden, genau wie bei meiner Notlüge. Und niemand wird deshalb schlechter von Ihnen denken.

Vermeiden Sie One-Night-Stands

Seit langer Zeit rate ich ab von Sex beim ersten Date. Und dieser Rat gilt umso mehr, wenn Sie sich einsam fühlen. Manche Leute suchen in der Dating-Szene lediglich nach körperlichem Kontakt. Sobald sie bekommen haben, was sie wollten, ziehen sie weiter. Gelegenheitssex kann sich im ersten Moment sehr gut anfühlen, doch danach fühlen Sie sich möglicherweise noch einsamer als vorher.

Sex hat mit Gefühlen zu tun. Wenn Sie mit einem anderen Menschen intim werden, denken Sie automatisch darüber nach, wie es wäre, mit diesem Menschen eine Zukunft aufzubauen. Doch wenn der andere wirklich nur Sex will, fühlen Sie sich hinterher schlecht, weil alle Hoffnungen auf eine tiefere Verbindung zerstört sind. Sie sind besser dran, wenn Sie solche Situationen von vornherein vermeiden und darauf achten, nicht zu schnell Sex zu haben.

Ja, es gibt sie, die Liebe auf den ersten Blick. Doch in den allermeisten Fällen brauchen Menschen Zeit, einander kennenzulernen. Es kann sein, dass jemand am Anfang sehr nett wirkt, dass sich aber dahinter ein schrecklicher Jähzorn verbirgt. Es ist immer besser, abzuwarten und mehr Informationen zu sammeln. Sollte die Beziehung wachsen und gedeihen, haben Sie noch jede Menge Zeit für großartigen Sex. Bis dahin möchte ich, dass Sie sich Zeit lassen und Ihr Herz beschützen.

Haben Sie weiterhin Sex!

Sex ist der Kitt jeder Liebesbeziehung. Er sorgt dafür, dass wir Nähe empfinden. Bei älteren Paaren gibt es einige, die keinen Sex mehr haben und trotzdem eine glückliche Beziehung führen. Und es gibt andere, bei denen das nicht so funktioniert und die sich entfremden, wenn der Sex als Kitt fehlt. Sie waren einander sehr zugetan und haben sich sehr geliebt, aber wenn der Sex fehlt, werden beide immer einsamer.

Solche Gefühle von Entfremdung, die durch einen Mangel an Intimität hervorgerufen werden, sind aber vermeidbar. Eine Zeit lang hatte ich mit einer Klinik am Bellevue Hospital zu tun und zwar in der Geriatrischen Abteilung, wo ich die Aufgabe hatte, älteren Erwachsenen zu helfen, ihr Sexualleben zu verbessern. Einige Männer hatten Schwierigkeiten, eine Erektion zu bekommen und aufrechtzuerhalten (da erwies sich Viagra als hilfreich), und ziemlich viele Frauen brauchten Hilfe im Umgang mit schmerzhafter Scheidentrockenheit. Sie alle konnten mit unserer Hilfe und einigen Informationen wieder Sex haben. Viel Berührung hilft auf jeden Fall. Sexspielzeuge wie Vibratoren und so weiter können sehr nützlich sein. Und wenn das Auftragen von Gleitcreme in das Liebesspiel integriert wird, können auch ältere Paare wieder sehr viel sexuelle Lust genießen. Im Bellevue lernte ich, dass man alten Menschen sehr wohl neue Tricks beibringen kann. Und dass diese neuen Tricks in der Lage sind, die Leidenschaft neu zu entfachen und die Verbundenheit zu stärken.

Mit fortschreitendem Alter ist es sehr wichtig, die Wärme und Nähe zu schätzen, die Sex mit sich bringt, selbst wenn die Intensität des Erlebnisses – und das Erlebnis selbst – anders ist als in jüngeren Jahren. Verändern Sie etwas und schauen Sie, was passiert. Wenn die Probleme bestehen bleiben, nehmen Sie professionelle Hilfe in Anspruch, damit Sie so lange wie möglich sexuell aktiv sein können. Das wird sich nicht nur gut anfühlen, sondern auch Ihrer Beziehung helfen, die dadurch lebendig und gesund bleibt. Niemand muss sich in einer Paarbeziehung einsam fühlen.

Halten Sie Kontakt zu Ihrer alten Liebe

Wie schon erwähnt, bin ich nach wie vor mit meinem ersten Liebsten verbunden, mit Putz. Wir haben uns in dem Schweizer Waisenhaus getroffen, von dem ich bereits erzählt habe, und wurden ein Paar, soweit zwei Jugendliche in einem Waisenhaus mit sehr strengen Regeln ein Paar sein konnten. Ich war damals zwölf Jahre alt.

Dass Putz überhaupt Interesse an mir zeigte, war eine wunderbare Überraschung für mich. Ich hatte immer gedacht, ich sei zu hässlich und kein Junge wollte etwas mit mir zu tun haben. Doch er fühlte sich zu mir hingezogen, und ich empfand dasselbe für ihn. Ich weiß noch, dass wir alle zusammen an einem Nähprojekt arbeiteten, und ich legte das Stück Stoff, an dem ich werkelte, absichtlich auf meinen Oberschenkel und Schoß – statt auf den Tisch vor uns –, sodass Putz mal schnell hinfühlen konnte, ohne dass es jemand sah.

Wir blieben nicht die ganze Zeit zusammen, die wir im Waisenhaus waren. Ich war manchmal ein bisschen herrisch, und er fand bald eine andere. Doch wir blieben immer Freunde. Irgendwann ging er nach Haifa und ich nach New York, doch jedes Mal, wenn ich nach Israel kam, also eigentlich jedes Jahr, nahmen wir uns die Zeit, um uns zu treffen. Er ist einer der wenigen Menschen auf Erden, der weiß, wie mein Leben als Kind aussah. Wir haben eine gemeinsame Geschichte. Und das ist das Beste, was man haben kann, um die Einsamkeit zu bekämpfen.

Wenn es Ihnen möglich ist, halten Sie unbedingt Kontakt zu alten Geliebten und Freunden. Ich weiß, dass das nicht immer sein kann und dass es gute Gründe gibt, Menschen vollständig aus seinem Leben zu tilgen. Doch wenn es gute Beziehungen waren, halten Sie an ihnen fest. Wenn der einzige Grund für einen abgerissenen Kontakt darin besteht, dass Zeit vergangen ist oder dass Sie räumlich weit getrennt sind, denken Sie auf jeden Fall darüber nach, die Verbindung wiederherzustellen.

Und warum das alles? Für mich sind alte Freunde und Ex-Geliebte wie die Münzen in einer alten Spardose. Wir wissen nie, ob wir nicht irgendwann einen alten Freund brauchen, der uns »damals« kannte und liebte. Schließen Sie unbedingt so viele neue Freundschaften wie möglich, doch behalten Sie auch die alten. Sie können zu einem lebendigen Gerüst werden, das Ihnen hilft, nicht zusammenzubrechen, wenn Sie sich besonders einsam fühlen.

Werden Sie freundlicher

Was für ein Typ Freund oder Freundin sind Sie? Wie verhalten Sie sich in einer Liebesbeziehung? Nehmen wir einmal an, Sie können gut zuhören, sind lustig und haben kein Problem damit, anderen Ihre Gefühle zu zeigen. Das sind wunderbare Eigenschaften, doch wenn Sie nicht großzügig mit Ihrer Zeit umgehen, können Sie das alles vergessen.

Ich will Ihnen ein Beispiel geben und davon erzählen, wie es Pierre erging, nachdem seine Frau gestorben war. Vor ihrem Tod hatte er viele Einladungen abgesagt. Er war glücklich verheiratet und brauchte kaum zusätzliche

Aktivitäten oder Gemeinschaftserlebnisse. Doch nachdem Joanne gestorben war, begriff er, dass ihm dieser Luxus nicht mehr zur Verfügung stand. Er erkannte, dass er sich in einen Menschen verwandeln musste, der Einladungen annimmt. An manchen Abenden wäre er vielleicht ganz gern zu Hause geblieben und hätte ein gutes Buch gelesen, doch meistens war er froh, dass er sich dazu gezwungen hatte auszugehen. Durch die Beschäftigung mit anderen Menschen fühlte er sich weniger einsam.

Als ich eine junge alleinerziehende Mutter war, hätte ich meine kleine Tochter gut als Ausrede vorschieben können, um zu Hause zu bleiben. Doch ich entschied mich anders, ging auf Partys und nahm Miriam einfach mit. Sie schlief dann in einem der Schlafzimmer. (Ja, es waren andere Zeiten für Eltern.) Ich wusste, wenn ich mich zu sehr von Menschen isolierte, die ich mochte, wäre das weder für mich noch für meine Tochter gut. Wäre ich ständig allein geblieben, wäre das Gefühl der Einsamkeit, das so viele alleinerziehende Eltern befällt, immer schlimmer geworden.

Wenn Sie einsam sind, müssen Sie sich zwingen, freundlicher zu werden – und geselliger. Niemand wird auf einem weißen Pferd an Ihre Tür kommen und Sie mitnehmen. Wenn Sie eingeladen sind, müssen Sie schon selbst hingehen.

Werfen Sie Ihr Netz aus

Als meine Radioshow nicht mehr aufgezeichnet, sondern live gesendet wurde, brauchte ich einen Produzenten, der die Anrufe der Hörerinnen und Hörer filterte. Das machte eine junge Frau namens Susan Brown. Wir vertrauten einander vom ersten Moment an rückhaltlos, auch weil wir wussten, dass wir beide Erfolg haben würden, wenn wir unseren Job gut machten. Wir waren nicht nur ein gutes Team, sondern mochten einander auch sehr. Häufig gingen wir mittags zusammen zum Essen, meistens in der Cafeteria von NBC, und kamen uns immer näher. Dass ich Professorin am College war und Susan gerade ihren Abschluss gemacht hatte, hielt uns nicht davon ab, enge Freundinnen zu werden. Ich war sogar zu ihrer Hochzeit eingeladen, und wir sind bis heute befreundet. »Bei dir hatte ich das Gefühl, deine Adoptivtochter zu sein«, hat Susan kürzlich zu mir gesagt. »Ich brauchte deinen mütterlichen Rat in Bezug auf meine Hochzeit und meine Karriere, und du warst immer bereit, mir zu helfen.«

Denken Sie weiter und breiter, was Freundschaften angeht. Von dem Moment an, wo wir mit der Schule beginnen, ist unser Bekanntenkreis meistens durch das Alter bestimmt. Wir tun uns mit anderen Schülerinnen und Schülern zusammen, die in derselben Jahrgangsstufe sind, und wenn wir älter werden, setzt sich unser Bekanntenkreis vielleicht aus anderen Eltern zusammen. Doch Sie müssen den Kreis möglicher Freunde nicht so sehr einschränken!

Wenn Sie neue Freundschaften schließen wollen, ist ein wichtiger Faktor die Neugier. Lassen Sie sich vom ersten Eindruck nicht zu sehr beeinflussen. Suchen Sie auch nach Gelegenheiten, die Generationen verbinden. So können Sie vielleicht ganz andere Erfahrungen, Weisheiten und Ansichten teilen und erleben. Und Sie müssen nicht beim Rundfunk arbeiten, um solche Freundschaften zu kultivieren. Sie finden Sie dort, wo Sie leben, gleich um die Ecke.

Community

Vermutlich sind Sie bereits Teil mehrerer Communitys, die Ihnen beim Kampf gegen die Einsamkeit sehr hilfreich sein können. In diesem Kapitel möchte ich Ihnen zeigen, wie Sie Ihre Scheuklappen loswerden können. Ich möchte, dass Sie das große Ganze sehen und erkennen, dass bedeutungsvolle Verbindungen an Orten auf Sie warten, die Sie bis jetzt zu wenig nutzen oder komplett übersehen.

Überall um sie herum gibt es Gruppen von Menschen, die sich aus spezifischen Anlässen und Gründen zusammenfinden. Communitys finden Sie im beruflichen Zusammenhang (Kolleginnen und Kollegen, professionelle Netzwerke) ebenso wie im Ausbildungsbereich (ehemalige Schülerinnen und Schüler, Universitätsabsolventen). Dann gibt es religiöse und spirituelle Gemeinschaften (Kirchen-, Moschee-, Tempel- und Synagogengemeinden sowie andere religiöse Organisationen), Gruppen, die durch ein bestimmtes Hobby miteinander verbunden sind (z. B. Tanzen, Kochen, Gaming, Laufen …), Selbsthilfegruppen (Trauergruppen, Anonyme Alkoholiker und ähnliche Vereinigungen, pflegende Angehörige und andere). Es gibt ehrenamtlich arbeitende Gruppen in Ihrer Wohngemeinde (Seniorenclub, Bücherei, Gartenbauverein, bürgerschaftliche Vereine, freiwillige Feuerwehr) und natürlich Wohltätigkeitsorganisationen aller Art (Tafel, Tierschutzverein und so weiter). Haben Sie in eine dieser Communitys schon mal reingeschnuppert? Oder hier und da sogar ein bisschen mitgemacht? Wenn Sie ein Gefühl der Zugehörigkeit entwickeln wollen, müssen Sie in diesem Bereich konsequenter werden und Schritte unternehmen, um wirklich dazuzugehören.

Ich finde es sehr gut, dass so viele Menschen in ihrer Community aktiv sind, um anderen zu helfen. Doch ich möchte Ihnen ausdrücklich erlauben, sich dabei gleichzeitig auf Ihre eigenen Bedürfnisse zu konzentrieren. Bei der Entscheidung, bei welcher Organisation oder Aktivität Sie sich engagieren wollen, dürfen Sie durchaus überlegen, ob Sie dort tatsächlich neue Verbindungen zu anderen Menschen knüpfen können. Es kann nicht Ihr Ziel sein, so viele Leute wie möglich kennenzulernen, Sie müssen genau hinsehen und filtern. Der Aufbau neuer Beziehungen hat etwas von einer Schatzsuche – suchen Sie bewusst nach den schönsten Edelsteinen!

In all den Jahren, in denen Menschen zur Therapie zu mir kamen, hörte ich oft, dass sie sich zu Hause am einsamsten fühlten. Abendessen vor dem Fernseher, jeden Abend allein ins Bett … Ich habe diesen Menschen immer denselben Rat gegeben: Gehen Sie raus!

Gehen Sie zum Abendessen in ein Restaurant. Unternehmen Sie einen Spaziergang. Raus mit Ihnen! In die Bücherei, in den Park, was auch immer! Die Menschen sind da draußen vor Ihrer Haustür.

Machen Sie Ihre Stadt kleiner

Als ich jung war, verbrachte ich viel Zeit in Gemeinschaft: zuerst im Waisenhaus, später in zwei verschiedenen Kibbuzim. Da konnte man sich nicht verstecken. New York City war eine vollkommen andere Erfahrung für mich. Auf einmal musste ich mir richtig Mühe geben, mich den Nachbarn vorzustellen und Kontakte zu knüpfen. Bei beidem entdeckte ich etwas ganz Entscheidendes: Ich musste dafür sorgen, dass sich New York City kleiner anfühlte.

Also schloss ich mich Organisationen an, nahm an Aktivitäten in meinem Stadtviertel teil. Ich ließ mich in den Vorstand der Young Men's & Young Women's Hebrew Association (YM & YWHA) in Washington Heights wählen und diente diesem Verein jüdischer junger Menschen elf Jahre als Vorsitzende. Seit ich dort Mitglied bin (und das sind jetzt 55 Jahre!), habe ich an unzähligen Versammlungen und Treffen teilgenommen und dabei viele gute Freunde gefunden. Meine Zugehörigkeit zur Y hat dafür gesorgt, dass ich mich auch mit New York City verbunden fühle, so als gehörte ich hierher.

Ihr erster Auftrag lautet also: Suchen Sie sich eine kleine Gemeinschaft innerhalb einer größeren, irgendeine, die für Sie leicht zugänglich ist. Waren Sie schon mal bei einem Straßenfest? Wenn Sie nächste Woche nicht aus der Wohnung kämen, würde das irgendjemandem auffallen? Sollten Sie eine dieser beiden Fragen mit Nein beantwortet haben, ändern Sie sofort etwas! Sie dürfen sich nicht ständig abwesend melden, und Sie müssen Ihre Stadt verkleinern.

Verstellen Sie sich nicht

Ich verstehe, dass so ein Anschluss an die Vereine im Stadtviertel ein unglaublich großer Schritt sein kann. Wenn Sie als Ausrede anführen, dass Sie zu beschäftigt sind, lesen Sie weiter, wir kommen noch zu diesem Punkt. Doch wenn es eigentlich die Angst ist, die Sie zurückhält, sprechen wir über eine ganz andere Art von Gegenwind. Am leichtesten überwinden Sie Ihre Hemmungen, indem Sie ganz genau die richtige Organisation oder Aktivität auswählen – eine, die gut zu Ihnen passt. Suchen Sie sich nichts aus, was sich vielleicht gut auf Ihrem Lebenslauf ausmachen könnte oder jemand anderem wichtig ist. Es muss Sie selbst interessieren, das ist entscheidend. Ihre Begeisterung kann die Angst besiegen helfen.

Mir ist klar, dass es sich wirklich schlimm anfühlen kann, sich einer Gruppe von Fremden zu nähern. Doch bedenken Sie: Menschen, die sich ehrenamtlich engagieren, sind in der Regel freundlich und hilfsbereit. Mürrische, hochnäsige und egoistische Leute haben normalerweise keinerlei Interesse daran, etwas zurückzugeben.

Werden Sie zum Mentor

Einer der stolzesten Momente in meinem Leben war die Verleihung des Doktorgrades in Erziehungswissenschaft am Teachers College der Columbia University. Und ich weiß auch ganz genau, warum ich in meinem Studium so gut zurechtkam. Natürlich war ich fleißig, aber ich hatte auch ein Studienfach gewählt, das ich liebte, und der Doktorgrad war die Eintrittskarte, mit der ich mir meinen größten Wunsch erfüllen konnte: endlich ein Job, bei dem ich nicht mehr nur im Kindergarten unterrichten konnte.

Wenig später hatte ich meine erste Stelle am Lehman College in der Bronx und erfuhr schnell, dass Lehrer einer der besten Berufe ist, wenn man sich gesellschaftlich und im eigenen Umfeld engagieren will. Kluge junge Leute haben viel Energie und fordern uns ständig heraus, zu denken und zu reden. Wer mit Schülerinnen und Schülern oder mit Studierenden am College zu tun hat, kann gar nicht anders, als sich von ihrer Lebensfreude anstecken zu lassen. Die gute Nachricht ist: Sie müssen nicht einmal Lehrerin oder Lehrer sein, um davon zu profitieren. Es reicht schon, sich als Mentorin oder Mentor zu engagieren.

Mentorenprogramme sind etwas für Leute, die wertvolle Erfahrungen mit anderen teilen können und wollen. Nehmen wir einmal an, Sie arbeiten in der Buchhaltung und haben ein gutes Händchen für Zahlen. Dann können Sie Kindern und Jugendlichen Mathematik näherbringen. Wenn Sie im Personalbereich arbeiten, können Sie Jugendliche für Vorstellungsgespräche fit machen und die Bewerbungsunterlagen mit ihnen durchchecken. Vielleicht reicht es aber schon, wenn Sie Zeit und ein offenes Ohr zur Verfügung stellen und ganz einfach der Mensch sind, der da ist und sich wirklich kümmert.

Die Tätigkeit als Mentorin oder Mentor ist genauso befriedigend wie das Unterrichten, weil man sieht, was man bewirkt. Es fühlt sich einfach gut an. Der Wert des Mentoring liegt aber auch darin, dass Sie praktisch gezwungen werden, sich einer neuen Umgebung zu stellen. Wenn Sie einsam sind, brauchen Sie nicht nur Gesellschaft, sondern auch geistige Anregung. Ich habe mich immer nach dieser Anregung gesehnt. Das Unterrichten liebte ich so sehr, dass ich auf keinen Fall Vollzeit-Sexualtherapeutin sein wollte. Dann hätte ich ja nicht mehr genug Zeit für meine Lehrtätigkeit gehabt!

Sinnvolle Geschäftigkeit

Viel zu viele Menschen prahlen geradezu damit, dass sie auf vielen Hochzeiten tanzen. Dabei gibt es viele Gründe, warum man sich eben nicht verzetteln sollte. Zum einen: Wenn Sie Ihre Aufmerksamkeit zu sehr verteilen, werden Sie in Ihrer Community nicht genug Einfluss ausüben. Zum zweiten verlieren Sie den verborgenen Lohn, den eine dauerhafte Verpflichtung mit sich bringt, nämlich die Chance zum Aufbau von Verbindungen mit Substanz.

Wie sieht so etwas in der Praxis aus? Im Grunde genommen ist es ganz einfach: Wenn Sie, sagen wir, jeden Dienstagabend ehrenamtlich tätig sind, werden Sie dort wahrscheinlich immer wieder dieselben Leute treffen. Eine stetige, dauerhafte Routine kann Ihnen helfen, Beziehungen aufzubauen, die wirklich etwas bedeuten.

Abgesehen vom Y war ich 25 Jahre lang Mitglied in einem Komitee für den Schutz und Erhalt des Fort Tryon Park im Nordwesten von Manhattan. Dieser Park liegt in der Nähe meiner Wohnung, dort habe ich Miriam und

Joel im Kinderwagen spazieren gefahren, und bis heute verbringe ich viele Nachmittage dort, um die frische Luft und den Sonnenschein zu genießen. Weil der Park mir so wichtig ist, fühlt es sich gut an, etwas für ihn zu tun. Nach dem Tod meines Mannes Fred brachte das Komitee an einer Bank in diesem Park ein Schild mit seinem Namen an. Ich gehe gern dorthin und meditiere. Hätte ich nicht so viele Jahre ehrenamtlich für den Park gearbeitet, hätte ich nicht so viel Mühe in genau diese Beziehungen investiert, dann wäre die Bank mit Sicherheit heute nicht da.

Widerstehen Sie der Versuchung, in der Stadt herumzuflattern, hier ein paar Plätzchen zu verteilen und dort bei einem Charity-Verkauf mitzuwirken. Gehen Sie sorgsam mit Ihrer Zeit um. Suchen Sie sich eine Organisation aus, der Sie sich regelmäßig widmen. Sinnvolle Geschäftigkeit ist immer wirkungsvoller als blinder Aktionismus.

Helfen Sie Ihren Nachbarn

Die Hilfe, die Sie einem Nachbarn ganz einfach anbieten, kann ein wirksames Heilmittel gegen Einsamkeit und Isolation sein. Achten Sie auf Gelegenheiten zum Helfen. Sie sollen Ihren Nachbarn nicht hinterherspionieren, doch ich kann Sie nur ermutigen, nach Möglichkeiten zu suchen, wie Sie die Menschen in Ihrer nächsten Umgebung unterstützen können.

Wenn Ihre Nachbarn gerade Eltern geworden sind, könnten Sie vor Ihrer nächsten Einkaufstour nachfragen, ob sie Babynahrung, Pflegemittel oder Windeln brauchen. Ältere Nachbarn brauchen vielleicht Hilfe beim Rasenmähen oder Schneeräumen. Ich erinnere mich noch gern daran, wie meine Mutter in unserer Küche Teig knetete und mich dann zur nächsten Bäckerei schickte, weil wir keinen eigenen Backofen hatten. Was für eine Hilfe war dieser Bäcker für meine Familie! Ich bin sicher, Sie finden tausend Möglichkeiten, um sich nützlich zu machen. Dabei ist es gar nicht so wichtig, *was* Sie tun, sondern dass Sie überhaupt Hilfe anbieten.

Und indem Sie helfen, schließen Sie neue Freundschaften. Außerdem tut es Ihrer Stimmung gut, wenn Sie anderen Gutes tun. Einsamkeit kann sich wie ein Wurm in unser Herz hineinfressen und unser Selbstvertrauen untergraben. Am Ende fühlt es sich vielleicht so an, als würden Sie niemandem etwas bedeuten. Wenn Sie auch nur ein bisschen Zeit erübrigen, um Ihren Nachbarn zu helfen, werden Sie sich besser fühlen, und Ihre Selbstachtung wird davon profitieren.

Notfalls erfinden Sie Notlagen

So wie meine Familie von der Großzügigkeit des Bäckers in unserer Nachbarschaft profitierte, möchte ich Ihnen raten, auch Hilfe anzunehmen – selbst wenn Sie den Grund dafür erfinden müssen.

Wenn Sie zu selbstständig und vor allem auch zu stolz sind, entgehen Ihnen Gelegenheiten, Menschen zu treffen und vielleicht neue Beziehungen zu entwickeln. Natürlich können Sie Ihre Lebensmittel inzwischen sogar schon online bestellen und liefern lassen. Doch wie wäre es, bei der Nachbarin um eine Tasse Milch zu bitten, damit Sie Ihren Kuchenteig anrühren können? Wenn der Kuchen fertig ist, könnten Sie ja ein Stück davon rüberbringen, als Dankeschön.

Doch Vorsicht: Sollten Sie – so wie ich – eigentlich gar nicht gern in der Küche werkeln (nicht einmal als die Kinder klein waren, habe ich mehr Zeit als unbedingt nötig mit Kochen zugebracht), dann fühlen Sie sich vielleicht authentischer, wenn Sie einen Hammer oder Schraubendreher ausleihen. Das Prinzip ist ja dasselbe.

Diese Momente, in denen Sie zu Ihren Nachbarn gehen und fragen, ob Sie sich ein Ei oder eine Luftmatratze ausleihen können, sind kostbar. Es sind Zeitfenster, die dazu dienen können, Beziehungen zu vertiefen. Dabei ist es vollkommen egal, worum Sie bitten. Wichtig ist nur, dass die Bitte leicht zu erfüllen ist.

Investieren Sie in Glauben

Ich erwähnte zu Beginn dieses Kapitels schon, dass ich mich absichtlich einigen Organisationen anschloss, damit sich New York City für mich kleiner anfühlte. Wenn Sie länger kein religiöses Zentrum mehr besucht haben, wundern Sie sich vielleicht, wie viele nicht-religiöse Veranstaltungen dort heutzutage stattfinden. Und Gotteshäuser sind Magneten für Beziehungen!

Viele Aktivitäten dort haben nichts oder wenig mit dem Aufsagen von Gebeten zu tun. Es gibt Veranstaltungen für junge Leute in den Zwanzigern oder Dreißigern, Ausflüge und Urlaubsreisen, um gemeinsam zu lernen und Dinge zu entdecken, Filmabende und vieles andere mehr. Gotteshäuser sind immer auch Versammlungshäuser. Sie sind soziale Treffpunkte, Orte, an denen Sie Menschen aus der näheren Umgebung kennenlernen können – vielleicht nicht aus derselben Straße, doch in den meisten Fällen aus dem Nahbereich.

Mir ist klar, dass sich unsere Gesellschaft seit langer Zeit von der formalen Religion wegbewegt. Das gilt für die Vereinigten Staaten ebenso wie für viele westeuropäische Länder. Mir ist auch klar, dass Sie sich nicht zwingend einer Gemeinde anschließen müssen, um mit Menschen in Verbindung zu treten, die den gleichen religiösen Glauben haben wie Sie. (Jetzt bin ich schon eine ganze Weile mit keiner speziellen Synagogengemeinde mehr verbunden, aber eine Zeit lang gehörte ich gleich zu dreien. Wenn mich ein Rabbi fragte, warum er mich beim Sabbat-Gottesdienst nicht gesehen hatte, konnte ich immer behaupten, ich sei bei einem der anderen gewesen.) Doch solche Gemeinden sind soziale Zentren, und deshalb lohnt es sich durchaus, mal hinzugehen und sie unter Umständen dem eigenen Repertoire zum Anknüpfen neuer Beziehungen hinzuzufügen.

Mit anderen lesen

Das Schöne am Erwachsensein ist ja, dass man so viel lesen kann, wie man will, ohne dafür ausgelacht zu werden. *Streber. Nerd. Langweiler. Schlaumeier.* Brutale Schimpfwörter für Kinder, die sich lieber mit Büchern abgeben als mit Menschen. Erwachsene, die leidenschaftlich gern lesen, können auch leiden – aber aus anderen Gründen. Lesen ist in der Regel eine einsame Tätigkeit. Wir lesen zu Hause, im Bett oder auf der Couch. Doch Lesen kann auch eine Gemeinschaftstätigkeit sein, und ich möchte, dass Sie Ihre Liebe zur Literatur nutzen, um Ihre sozialen Kreise zu vergrößern und zu stärken.

In Ihrem näheren Umfeld oder jedenfalls nicht allzu weit weg gibt es hoffentlich eine öffentliche Bücherei. Dort muss man meistens still sein, doch nicht in allen Bereichen und schon gar nicht, wenn es dort Veranstaltungen gibt, für die man sich anmelden kann. Yogastunden, Handarbeitsgruppen, Fotokurse … Je nachdem, was für einen Kurs sie belegen, treffen Sie wahrscheinlich Nachbarn, die die gleichen Interessen haben wie Sie.

Auch Buchhandlungen geben sich große Mühe, neue Kundschaft anzulocken. In einigen von ihnen gibt es Kaffee und andere Getränke, damit die Leute länger bleiben und Zeit dort verbringen. Andere rufen Lesezirkel ins Leben, beispielsweise für Leserinnen von Liebesromanen, Krimis oder historischen Romanen, oder Gruppen, die sich beispielsweise als Teil der LGBTQ-Community verstehen.

Außerdem gibt es einige sehr kreative Leute, die noch andere Möglichkeiten gefunden haben, über den Umweg von Büchern soziale Verbindungen ins Leben zu rufen. In New York City gibt es ein Programm mit dem Titel »Reading Rhythms«. Die Initiatoren bezeichnen sich nicht als Buchclub, sondern veranstalten Lesepartys. Partys mit Livemusik, in Parks und Bars und Dachgärten. Sogar in Tattoo-Studios! Das Prinzip funktioniert so: Jede und jeder bringt ein Buch mit und liest für sich. Dann gibt es Zeiträume, in denen Fremde miteinander über die Bücher sprechen, die sie gerade lesen, zuerst paarweise, später auch in größeren Gruppen.

Für mich sind Bücher etwas Wunderbares. Sie können einen Menschen stundenlang faszinieren. Doch wenn Sie nicht aufpassen, können sie auch zu einem Grund für Einsamkeit werden. Und sie können massive Einrichtungsprobleme hervorrufen, wie das bei mir der Fall war. Einmal hatte ich so viele Bücher in meiner Wohnung, dass sie nicht mehr alle in die Regale passten. Statt sie wegzugeben, stapelte ich den Überschuss in einer Ecke und hängte eine Decke über den Stapel, der höher war als ich. Ich machte Witze darüber und nannte den Berg meine private Skipiste. Irgendwann kam zum Glück der Innenarchitekt Nate Berkus vorbei, um einige Bereiche meiner Wohnung für seine Fernsehsendung umzudekorieren. Da schmolz die Skipiste dahin.

Setzen Sie sich an die Bar

Bars sind seit jeher tolle Orte, um Menschen zu treffen. Doch die beste Chance, Kontakte zu knüpfen, haben Sie, wenn Sie tatsächlich *an* der Bar sitzen.

Niemand muss sich schämen, wenn er oder sie allein an der Bar sitzt. Man sitzt nebeneinander in gleichmäßigen Abständen, sodass Außenstehende kaum erkennen können, wer allein ist und wer nicht. Alle sehen gleich aus. Sie können leichter ein Gespräch anfangen und das nicht nur mit Ihren unmittelbaren Sitznachbarn, sondern auch mit der Person vor Ihnen. Barkeeper sind fast immer für ein Schwätzchen gut!

Wenn Sie allein leben, ist das besonders hilfreich, denn Sie haben ja im Alltag nur begrenzte Möglichkeiten, laut zu sprechen, Ihre eigene Stimme zu hören oder mit anderen zu plaudern. An der Bar können Sie etwas essen und dabei ganz zwanglos ein Gespräch führen. Überlegen Sie mal, wie anders sich das anfühlt, wenn Sie allein an einem Tisch im Restaurant sitzen.

Wenn Sie ohne Reservierung ein Restaurant betreten, werden Sie fast immer gefragt: »Wie viele Personen?« Und wenn Sie zu Ihrem Tisch geführt werden, wird die Bedienung Sie fragen, ob Sie noch jemanden erwarten. Antworten Sie mit Nein, nimmt man sofort das zweite Gedeck vom Tisch. All diese scheinbar so unschuldigen Interaktionen können sich sehr demütigend anfühlen. Doch Sie können derlei vermeiden, wenn Sie stattdessen an einer Bar sitzen.

Bars sind auch beliebte Orte für ein erstes Date. Allerdings mit einer Einschränkung: So gut ein Glas Wein geeignet sein kann, um einem ersten Treffen die Anspannung zu nehmen, warne ich davor, zu viel zu trinken. Zu viel Alkohol kann aus einem netten Abend eine Katastrophe machen. (Ich habe sogar mal Werbung für Wein mit niedrigem Alkoholgehalt gemacht, um diesen Punkt zu betonen. Die Marke hieß »Dr. Ruth's Vin d'Amour«. Heute gibt es auf dem Markt viel bessere Marken ohne Alkohol oder mit reduziertem Alkoholgehalt als damals.)

Gut möglich, dass Sie lieber nicht in eine Bar gehen, weil die Versuchung, dort Alkohol zu trinken, zu groß ist. Es gibt zwar auch eine Vielfalt von guten Drinks ohne Alkohol, aber Sie kennen sich und Ihre Lebensumstände am besten. Wenn eine Bar für Sie ein Problem darstellt, lassen Sie es. Ansonsten jedoch empfehle ich, Bars einmal auszuprobieren. Sie bieten so viel mehr als Essen und Trinken! Es gibt soziale Aktivitäten dort, Sie können tanzen, Darts oder Billard spielen oder an einem Kneipenquiz teilnehmen. Wenn also keine persönlichen Gründe dagegensprechen und Sie eine Weile keine Bar mehr besucht haben, versuchen Sie es! Durchaus denkbar, dass Sie dort ein paar gute neue Bekanntschaften schließen.

Gemeinschaftlich leben

Wenn Sie das Gefühl haben, Sie haben alles probiert, um in Ihrer Umgebung Kontakt zu finden, und sich immer noch als Außenseiter fühlen, könnten Sie vielleicht ein ziemlich mutiges, alternatives Lebensmodell in Erwägung ziehen.

In Nordamerika gibt es etwa 600 sogenannte *intentional communities,* in denen mehr als 10 000 Menschen leben. Und auch in anderen Ländern gibt es solche Projekte gemeinschaftlichen Lebens und Wirtschaftens. Niemand macht diese Gemeinschaften mehr als »Hippie-Kommunen« lächerlich. Sie bieten ihren Mitgliedern und Mitbewohnern die Möglichkeit, gemeinsam einzukaufen und zu kochen, und natürlich bieten sie die Gelegenheit, Beziehungen zu entwickeln. Einige dieser Gemeinschaften sind eher für junge Leute bis etwa dreißig Jahren gedacht, in anderen leben deutlich ältere Leute. Sie gründen sich auf gemeinsame Interessen, oft auch auf den Gedanken eines nachhaltigeren Lebensstils und wirtschaftlicher Gleichheit.

Eine andere Form gemeinschaftlichen Lebens mit einem Schwerpunkt auf Beziehungen sind speziell gebaute Siedlungen wie Culdesac Tempe, das in der Nähe von Phoenix im Bundesstaat Arizona liegt. In dieser Siedlung sind keine privaten Autos erlaubt, sodass die Räume, die sonst für Parkplätze und Garagen gebraucht würden, frei sind für Grillplätze, Fahrrad- und Spazierwege, Restaurants, Läden und Höfe, in denen man sitzen und reden kann. Alles Annehmlichkeiten, die das Miteinander und Zugehörigkeitsgefühl der Bewohnerinnen und Bewohner stärken sollen.

Solche Gemeinschaften erinnern mich an den Kibbuz, in dem ich als Teenager lebte. Sie sind sicher nicht jedermanns Sache, aber sie bieten eine ganz andere Lebensform, die man durchaus in Betracht ziehen kann.

Kollektive dieser Art findet man in fast jedem Land. In der Datenbank der Foundation for Intentional Community kann man nach Ort/Land, Wohnform (gemeinsam oder individuell) und Organisationsprinzip (religiöse oder soziale Motivation) suchen.

Gehen Sie ins Büro

Ich finde es fantastisch, dass heute so viel darüber gesprochen wird, wo gearbeitet wird: zu Hause, im Büro oder teils, teils. Doch für Menschen, die unter Einsamkeit leiden, gibt es keine bessere Option, als Zeit mit Kollegen zu verbringen. Ich weiß, mobiles Arbeiten ist viel leichter mit der Betreuung alter Eltern oder kleiner Kinder unter einen Hut zu bringen, zumal wenn man sonst eine weitere Strecke pendeln müsste. Doch Sie geben damit auch die Chance auf, Leute zufällig im Aufzug oder in der Teeküche zu treffen.

Das Büro ist der Ort, wo potenzielle Freunde sind. Sie können eine Tasse Kaffee mit einem Kollegen trinken oder spontan zusammen zu Mittag essen. Als ich meine Show im Kabelfernsehen machte, wurden immer ein paar Sendungen am Nachmittag aufgezeichnet, bevor dann eine Live-Sendung am Abend lief. Erst gegen 23 Uhr war der Arbeitstag zu Ende. Dann ließ ich immer Wein und Käse ins Studio kommen, damit alle, die an der Produktion beteiligt waren, ein Gefühl hatten, gemeinsam etwas geschafft zu haben. Diese Form der Kollegialität kann man kaum entwickeln, wenn die meisten Kolleginnen und Kollegen nur hin und wieder ins Büro kommen.

Vor Ort zu arbeiten, sollte also relativ weit oben auf Ihrer Prioritätenliste stehen, auch wenn diese Arbeitsform unbequemer ist. Tatsächlich empfehle ich Ihnen, sich ein Unternehmen zu suchen, das von seinen Leuten Präsenz verlangt, mindestens für einen Teil der Woche. Von komplettem Remote-Arbeiten halte ich gar nichts. Damit mache ich mich sicher nicht bei allen beliebt, aber das stört mich nicht weiter. Es mag bequemer sein, von der Couch aus zu arbeiten, aber für Ihr soziales Wohlbefinden ist es wirklich besser, wenn Sie sich zur Präsenzarbeit durchringen.

Schaffen Sie Online-Verbindungen

Ich bin zwar definitiv der Ansicht, dass Präsenzarbeit das Beste ist, was Sie gegen Einsamkeit tun können, doch das heißt nicht, dass Ihr Leben in Verzweiflung endet, wenn Sie mobil arbeiten. Es gibt viele Wege, um die Verbindung mit Kolleginnen und Kollegen zu stärken, auch mit Menschen, die Sie wahrscheinlich nie persönlich treffen werden.

Der Bestsellerautor und Psychologe Adam Grant schreibt in seinem Buch *Give and Take* (dt. Ausgabe: *Geben und Nehmen*) über den »Fünf-Minuten-Gefallen«. Seiner Ansicht nach können wir alle unsere Beziehungen vertiefen, indem wir proaktiv großzügig mit unserer Zeit umgehen. Zum Beispiel, indem wir Menschen einander vorstellen, die von der Bekanntschaft profitieren könnten, indem wir eine ehrlich empfundene Dankesmail schreiben, die der andere nicht erwartet, aber erfreut zur Kenntnis nimmt. Das Ziel besteht darin, Arbeitsbeziehungen, die vielleicht sogar nur online existieren, persönlicher und befriedigender zu gestalten.

Der Fünf-Minuten-Gefallen ist zwar sehr wirksam, doch er ist nicht Adams Empfehlung Nummer eins. »Meine Lieblingsoption ist der Reziprozitäts-Ring, eine Übung, die von den Soziologen Wayne und Cheryl Baker geschaffen wurde«, sagte er zu mir. So ein Ring funktioniert unabhängig davon, ob die Beteiligten persönlich anwesend sind oder nicht. Und das ist das Prinzip: Alle Mitglieder einer Gruppe von Menschen bitten um etwas, was sie brauchen oder sich wünschen, und die Gruppe überlegt dann, wie sie die Bitte mithilfe ihres gemeinsamen Wissens, ihrer Ressourcen und Verbindungen erfüllen kann.

Wenn Adam solche Reziprozitäts-Ringe mit Studierenden an der University of Pennsylvania durchführt, wo er lehrt, verteilt er große leere Blätter Papier im Raum und lädt alle ein, anonym ihre persönlichen oder auf die Arbeit bezogenen Bitten aufzuschreiben. Einige seiner Studierenden wurden in Interviews gebeten, ihre Erfahrungen wiederzugeben, und berichteten, dass sie die Übung genossen hatten, weil sie ihnen dabei half, ihre Mitstudierenden auf einer tieferen Ebene kennenzulernen. Ziele wie »Neue Wege, um chronischen Schmerz zu managen« und »Ich möchte lernen, Gitarre zu spielen« setzten Gespräche zwischen den Studierenden in Gang, die sonst kaum möglich gewesen wären.

Reziprozitäts-Ringe bauen Verbundenheit auf, weil sich alle Teilnehmenden gut fühlen, sowohl die »Bittenden« als auch die »Gebenden«. Wayne Baker sagt, die Zahl von Teilnehmenden bei einem Reziprozitäts-Ring, der via Zoom angestoßen wird, könne beliebig groß sein, allerdings brauche man Kleingruppen, die nicht mehr als fünf oder sechs Personen umfassen.

Freundschaften am Arbeitsplatz pflegen

Ich habe mein Leben lang außer Haus gearbeitet und dabei einige meiner liebsten Freundinnen und Freunde kennengelernt. Bei Planned Parenthood, wo ich 1967 im Forschungsbereich angestellt wurde, bot sich mir die erste Gelegenheit, mit Klienten über Empfängnisverhütung und Abtreibung zu sprechen. Innerhalb einer Woche war mir klar, dass der Job perfekt zu mir passte. Ich liebte Sexualerziehung und sprach gern über Familienplanung. Außerdem gefiel es mir, Zeit mit so vielen Menschen zu verbringen! Doch es gab noch einen weiteren Vorteil: Ich lernte meinen Chef Stuart Cattell kennen, und unsere Verbindung zog Kreise weit über Planned Parenthood hinaus.

Sie erinnern sich vielleicht, dass ich im Kapitel über die Familie davon erzählt habe, wie ich mit meinem Mann Fred Zeit am Lake Oscawana verbracht habe, der etwa eine Stunde nördlich von unserer Wohnung in New York City lag. Es stellte sich heraus, dass Stuart dort ganz in der Nähe wohnte, woraus sich eine Freundschaft zwischen uns ergab, die nichts mit unserer Arbeit zu tun hatte. Wenn ich am See war, wanderten wir zusammen, redeten viel miteinander, gingen segeln und genossen viele großartige Mahlzeiten gemeinsam. Manchmal schloss sich Fred uns an, manchmal machte er sein eigenes Ding.

Heute würde ich Vorgesetzten und Mitarbeitenden niemals empfehlen, miteinander Zeit zu verbringen, wie Stuart und ich das taten, selbst wenn die Beziehung so platonisch ist, wie unsere es war. Die Zeiten haben sich geändert, ich möchte niemanden in Schwierigkeiten bringen. Doch abgesehen davon, ist es eine sehr gute Idee, auch für Freundschaften am Arbeitsplatz offen zu sein, zumal Sie so viel Zeit dort verbringen.

Wenn Sie in einem großen Büro arbeiten, gibt es vielleicht Angebote mit Neigungsgruppen, zum Beispiel zum Thema junge Eltern oder Frauenförderung. Schließen Sie sich solchen Communitys unbedingt an! Womöglich gehen Sie auch mit einem Kollegen zu einer Sportveranstaltung oder einem Konzert. Und erinnern Sie sich noch an meine Bemerkungen zum Thema Kontext? Freunde, die Sie durch die gemeinsame Arbeit kennenlernen, können leicht auch Freunde im richtigen Leben werden, wenn Sie außerhalb der geschäftlichen Umgebung Zeit miteinander verbringen. Halten Sie ruhig Ausschau nach solchen Momenten. Sie werden Ihnen helfen, befriedigende Beziehungen aufzubauen.

Wenn es in Ihrem Büro keine formellen Angebote gibt, wo sich Mitarbeitende zwanglos treffen können, müssen Sie selbst aktiv werden. Bei Planned Parenthood hatten wir keine sozialen Programme, doch wir hatten etwas anderes, was sich in der Rückschau als echter Vorteil erweist: Wir hatten keine Computer. Um unsere Arbeit zu schaffen, mussten wir vom Schreibtisch aufstehen und persönlich mit unseren Kolleginnen und Kollegen sprechen.

Zwingen Sie sich im Laufe Ihres Arbeitstages so oft wie möglich, aufzustehen und den Flur hinunterzugehen. Sagen Sie »Hallo« zu Kolleginnen und Kollegen. Fragen Sie, wie die Arbeit läuft. Bieten Sie Hilfe bei kniffligen Aufgaben an. All das tut Ihnen nicht weh und sorgt dafür, dass sich Ihre Arbeitsumgebung weniger einsam anfühlt – das kann ich Ihnen versprechen.

Freundschaften außerhalb der Arbeit

Durchaus denkbar, dass Freundschaften unter Kolleginnen und Kollegen für Sie nicht das Richtige sind. Wenn Ihre Arbeit zu Ihrer Isolation beiträgt, bauen Sie sich ein Netzwerk außerhalb Ihres unmittelbaren Arbeitsumfeldes auf. Schließen Sie sich Berufsorganisationen an, die dazu gemacht sind, Menschen zusammenzubringen, die sich auf der gleichen Karrierestufe befinden, im selben Bereich arbeiten oder mit ähnlichen Problemen zu kämpfen haben.

Ann Shoket ist CEO von TheLi.st., einer Vereinigung von weiblichen und nicht-binären Führungskräften. Wie ich schon in dem Abschnitt über Verletzlichkeit erwähnt habe, als es um innerfamiliäre Beziehungen ging, sagt auch Ann: Die Fähigkeit, ehrlich über berufliche Schwierigkeiten zu sprechen, hilft Frauen, sich im Arbeitsumfeld weniger einsam zu fühlen. Allerdings mit der Einschränkung, dass vielen Frauen solche Gespräche leichter fallen, wenn sie mit Kolleginnen geführt werden, die nicht in derselben Firma arbeiten: »Oft stehen wir beruflich im Wettbewerb und müssen um Ressourcen, Aufmerksamkeit und Rollen konkurrieren, die nicht unbegrenzt zur Verfügung stehen. Dann ist die Außenperspektive enorm wertvoll und hilft, ein Gefühl echter Verbundenheit herzustellen.«

Der Arbeitsplatz muss kein Ort sein, an dem Sie sich elend und einsam fühlen. Indem Sie sich einer entsprechenden Gruppe anschließen, und sei es die örtliche Handelskammer, schaffen Sie Gelegenheiten, um Höhen und Tiefen mit anderen zu teilen. Ich weiß, es ist nicht leicht, in diesem Bereich ehrlich zu sprechen. Doch wenn Sie zulassen, dass man Sie als ganzen Menschen sieht, können Sie vielleicht die Zahl Ihrer Verbindungen erhöhen – und die Qualität dieser Verbindungen vertiefen.

Konferenzen und Tagungen

Sollten Sie in einem Unternehmen arbeiten, das seinen Angestellten Gelegenheit gibt, Fortbildungen und Tagungen zu besuchen – gehen Sie unbedingt hin! Lassen Sie diese hervorragende Möglichkeit, neue Leute zu treffen, auf keinen Fall aus, nur weil Sie lieber im eigenen Bett schlafen als im Hotel. Das ist eine Ausrede, und Ausreden halten Sie davon ab, Ihr Ziel zu erreichen, nämlich neue und starke Verbindungen zu knüpfen.

Außerdem gibt es ja nicht nur Tagungen und Konferenzen, die Ihre Arbeit betreffen. Es gibt auch Konferenzen von Menschen, die Familienforschung betreiben, Fotoalben basteln, Comics lesen, Gaming machen und so weiter.

Ich persönlich habe mein Leben lang Musik geliebt und deshalb viele Male das North American Jewish Choral Festival besucht. Bei diesem Sommerfestival geht es hauptsächlich ums Singen, aber es ist auch eine Tagung im klassischen Sinne. Die Teilnehmenden hören Vorträge von führenden Leuten auf dem Gebiet der Chormusik (schließlich nehmen fast zwei Dutzend angesehene Chöre aus der ganzen Welt daran teil). Und es gibt immer jede Menge Gelegenheit, aus Fremden Freunde zu machen.

Meine Freundschaft mit Matthew Lazar, dem Begründer des Festivals, vertiefte sich mit den Jahren, weil ich immer wieder dort auftauchte. So sehr, dass sich diese Freundschaft weit über das Singen hinaus erstreckte. Wir waren oft zusammen essen und haben einige Male Tanglewood besucht, die beliebte Konzertstätte im Westen von Massachusetts. 2015 lud er mich ein, ein Konzert in der Avery Fisher Hall im Lincoln Center zu dirigieren, wo ein Chor aus 400 Studierenden sang. Die Musik brachte mich zum Weinen, so sehr erinnerte sie mich an meinen Vater und meine Kindheit in Frankfurt. Fast konnte ich die Hand meines Vaters spüren, wenn wir zusammen am Freitagabend zur Synagoge gingen. Matthew Lazar, oder Matty, wie wir alle ihn nennen, machte diesen denkwürdigen Abend für mich möglich.

Wenn wir Freundschaften in einer speziell ausgewählten Umgebung schließen, macht das alles viel einfacher. Nutzen Sie die Offenheit, die in einer solchen Umgebung herrscht. Nutzen Sie jeden Konferenztag, um neue Verbindungen herzustellen. Sie wissen schon, dass Sie gemeinsame Interessen haben, also gibt es auch jede Menge Gesprächsstoff.

Nutzen Sie Netzwerke

Nate Berkus wusste schon, warum er mich in seiner Fernsehshow haben wollte: Ich bin ein Hamster. Als er 2011 in meine Wohnung kam, schämte ich mich, weil sie so vollgestopft war mit Papieren, Aktenordnern und allerlei Nippes, dass ich kaum noch jemanden zu mir nach Hause einlud. Der ganze Müll erstickte mein soziales Leben. Doch Nate beruhigte mich und sagte, ich müsste nicht alles wegwerfen. Stattdessen brachte er mir bei, auf neue Weise mit meinen geliebten Besitztümern umzugehen. Und die Lektion, die ich von ihm lernte, weist erstaunliche Parallelen zu unserem Thema Einsamkeit auf.

Es ist nämlich gut möglich, dass Sie noch Zugang zu Listen mit Mailadressen und Telefonnummern haben, die einmal sehr aktiv waren, aber nicht mehr genutzt werden. Vielleicht war einer Ihrer Freunde lange im Krankenhaus und Sie hatten die Aufgabe, Freunde und Verwandte über seinen Zustand auf dem Laufenden zu halten. Oder Ihr Kind spielte in einer Fußballmannschaft, und Sie führten die Adressenliste, um Fahrgemeinschaften zu den Spielen zu organisieren. Solche Listen sind hervorragende Ressourcen, die innovativ und bewusst genutzt werden können.

Die Leute, die sich auf diesen Listen finden, waren vermutlich keine engen Freunde von Ihnen. Sie mochten viele von ihnen, aber dann ging das Ganze auseinander, weil der Anlass wegfiel. Doch ich sage immer: Bewahren Sie sich die alten Freunde! Freundschaften sind Schätze, die man auch schätzen sollte. Statt diese Listen ungenutzt herumliegen zu lassen, schicken Sie ein kurzes Update, das den Mitgliedern der Gruppe etwas bedeuten könnte. Vielleicht interessieren sich die Fußballeltern ja für die neue Turnierreihe, die Sie entdeckt haben. Die Antworten werden Sie aufmuntern, vielleicht ist sogar eine Einladung zum Mittagessen dabei. Und womöglich ergeben sich daraus wieder tiefere Freundschaften.

Wenn Ihnen das albern vorkommt, denken Sie daran: Viele Menschen sind von der Epidemie der Einsamkeit betroffen. Es ist durchaus denkbar, dass sich wenigstens eine Person auf diesen Listen ebenfalls mehr Verbundenheit wünscht. Dieser Person könnte Ihre Mail aus blauem Himmel sehr willkommen sein. Und dann hat Ihre Initiative schon ihren Zweck erfüllt.

Selbsthilfegruppen

Manchmal sind die Menschen in Ihrem Umfeld vielleicht gar nicht die Richtigen für Sie. Vielleicht können sie Ihnen, so sehr Sie meinen Ratschlägen auch folgen mögen, nicht die Verbindungen bieten, die Sie am nötigsten brauchen. Dann könnte es eine gute Idee sein, solche Verbindungen in einer Selbsthilfegruppe zu suchen. Es gab eine

Zeit, da brauchte ich die Hilfe eines Psychiaters, und ich suchte mir einen sehr guten. Man muss sich nicht schämen, wenn man Hilfe braucht, um eine psychische Gesundheitsstörung zu beheben. Nicht mehr, als wenn man mit einer Grippe zum Arzt geht.

Anders als die Eins-zu-eins-Therapie, die ich damals bekam, bieten Selbsthilfegruppen ein echtes Gefühl der Zugehörigkeit. Alle, die daran teilnehmen, sind bereit, zu reden und zuzuhören und sich mitzuteilen. Selbsthilfegruppen sind also eine perfekte Umgebung, um individuelle Schwierigkeiten zu bearbeiten und dazu noch Beziehungen aufzubauen. Wenn Sie eine Krise durchlebt haben, beispielsweise im Zusammenhang mit dem Tod eines nahen Angehörigen, kann es ein großer Segen sein, von anderen zu hören, wie sie mit einer ähnlichen Erfahrung umgegangen sind.

Doch ich muss erst noch ein paar warnende Worte loswerden, bevor Sie sich in einer solchen Gruppe anmelden.

Als Sexualtherapeutin bin ich von Haus aus Verhaltenstherapeutin. Ich habe eine jahrelange Ausbildung durchlaufen, um diesen Beruf auszuüben. Auch die Leitung einer Selbsthilfegruppe verlangt viel Wissen und Erfahrung, wenn man es mit Ernst und Können machen will. Ein Treffen von Leuten, die eine ganze Sitzung lang nichts anderes tun als über ihre Lebensumstände jammern – ohne dass man ihnen die nötigen Werkzeuge an die Hand gibt, um ihre Lage zu verbessern –, ist nicht besonders hilfreich. So etwas kann sogar schädlich sein.

Ich weiß, dass ich mit dieser Ansicht Widerspruch hervorrufe. Ich bin mir bewusst, wie wertvoll die Unterstützung durch Leidensgefährten sein kann. Doch diese Form der Unterstützung bereitet mir Sorgen, wenn die Leitung nicht in den Händen ausgebildeter Experten liegt, vor allem, wenn Teilnehmende in einer solchen Gruppe schlechte Ratschläge bekommen und die Leitung nicht genug Wissen besitzt, um so etwas zu korrigieren.

Was also ist zu tun? Wenn Sie sich gern einer Selbsthilfegruppe anschließen wollen, tun Sie das, doch vergewissern Sie sich vorher, ob sie von einem Profi geleitet wird, der die Gespräche in eine positive Richtung lenken kann. Wenn Sie eine solche vertrauenswürdige Gruppe ausfindig machen, kann das die beste denkbare Community für Sie sein.

Technologie

Vermutlich erwarten Sie von mir den Rat, Ihre technologischen Geräte loszuwerden. Doch weit gefehlt, ich betrachte Technologie nicht als Feind. Um es gleich von vornherein zu sagen: Nur weil ich eine alte Frau bin, würde ich nie jemandem raten, Smartphone und Laptop nicht mehr zu benutzen. Diese Geräte sind in der heutigen Welt notwendige Werkzeuge. Tatsächlich würden Sie bald als Sonderling gelten, wenn Sie ganz darauf verzichten würden. Und das hilft sicher nicht, wenn Sie neue Verbindungen aufbauen wollen.

Ich habe mehr als 100 000 Follower auf X, da kann ich mich wohl kaum aufs hohe Ross setzen und die sozialen Medien verdammen. Mithilfe von X erreiche ich Menschen in einer Weise, wie es ohne dieses Mittel gar nicht denkbar wäre. Doch ob diese Menschen meine Freunde sind, steht auf einem anderen Blatt. Wenn ich mich ganz besonders einsam fühlte, würden diese Menschen, die ich zu einem Großteil wohl niemals persönlich treffen werde, mir helfen, dieses Gefühl zu überwinden? Ich denke, Sie kennen die Antwort.

Trotzdem glaube ich, dass Technologie auf verschiedene Weise unsere Verbindung zu anderen Menschen stärken kann, vor allem die persönlichen Verbindungen, auf die es letztlich immer ankommt. Doch wie sieht es aus, wenn Sie Technologie nicht sehr viel – oder gar nicht – nutzen? Sollten Sie eher technophob eingestellt sein, überlegen Sie mal, ob Sie diese Haltung nicht einschränkt. Da draußen existiert ein ganzes Universum voll unsichtbarer sozialer Aktivität: Einladungen zu Food Festivals, kulturellen Veranstaltungen und so weiter. Und wenn Sie da nicht mitmachen, sind Sie bald draußen. Vielleicht ist das schon jetzt der Fall.

Experten scheinen sich einig zu sein, dass Technologie eine wichtige Ursache von Einsamkeit ist. Da will ich auch nicht widersprechen. Doch Technologie kann auch ein Treibstoff für Ihre sozialen Kontakte sein. Sinnvoll genutzt, kann Technologie Beziehungen stärken und erweitern. Es hängt davon ab, ob Sie virtuelles Miteinander nutzen, um tiefere persönliche Verbindungen aufzubauen.

Dringen Sie in Gesprächscluster ein

Aufgeschlossenen Menschen fällt es tendenziell leichter, soziale Kontakte aufzubauen. Wer reserviert ist, tut sich schwerer damit. Doch selbst eine ausgewachsene Schüchternheit können Sie umgehen. Vielleicht verstehe ich besser als viele andere die Notwendigkeit zum Improvisieren. Ich bin sehr klein und komme an die meisten Regale und Schränke in meiner Küche nicht heran. Doch gebe ich auf, wenn ich etwas brauche? Niemals! Ich benutze eine Trittleiter. Was ist also mein Rat an Sie, wenn Sie schüchtern sind? Sie brauchen eine partytaugliche, transportable Version meiner Trittleiter, die Ihnen hilft, in Gesprächscluster einzudringen. Und ja, das geht!

Betrachten Sie Ihr Smartphone als eine solche Trittleiter. Wenn Sie auf einer Party sind und zögern, sich einer Gruppe zu nähern, die miteinander im Gespräch ist, nehmen Sie Ihr Smartphone und benutzen Sie einen Trick: Bitten Sie die Leute, sich für ein Foto hinzustellen. Sie können ja behaupten, Sie täten es im Auftrag der Gastgeberin, dann wird sich niemand weigern. Und wenn die Leute sich aufgestellt und gelacht haben, können Sie sich vorstellen und, voilà, schon sind Sie mittendrin.

Schon das Wissen, dass Sie eine »Trittleiter« in der Tasche haben, wird Ihnen helfen, mutiger zu sein. Selbst wenn Sie es gar nicht benutzen, kann Ihnen Ihr Telefon ein Gefühl von Furchtlosigkeit vermitteln. Es ist, als würden Sie einen unsichtbaren Superhelden-Umhang tragen, der Ihnen hilft, in jede Unterhaltung einzusteigen – Ihre Geheimwaffe, um mit anderen ins Gespräch zu kommen.

Schenken Sie sich sieben Minuten

Hier noch eine Methode, um Ihre Fähigkeit zum Knüpfen von Kontakten bei sozialen Ereignissen zu stärken. Bei dieser Methode müssen Sie Ihr Smartphone aber in der Tasche lassen, jedenfalls für ein Weilchen: Nehmen Sie sich sieben Minuten, in denen Sie sich voll auf ein Gespräch konzentrieren, bevor Sie es beenden.

Der Gedanke dahinter: Sie brauchen sieben Minuten im Gespräch mit einem anderen Menschen, um zu entscheiden, ob es sich lohnt, das Gespräch fortzusetzen. Wenn nicht, kann Ihr Smartphone Sie retten: Sie blicken aufs Display und beenden mit einer Entschuldigung das Gespräch. Der Rat stammt nicht von mir, aber ich gebe ihn hier weiter, weil er von einer unserer angesehensten Expertinnen im Bereich digitale Technologie kommt und das Potenzial hat, Ihr Leben zu verändern.

Im Schnittpunkt von Sozialwissenschaft, IT und Smartphones gibt es niemanden, der besser Bescheid weiß als Sherry Turkle, Gründungsdirektorin der *MIT Initiative on Technology and Self* und Autorin zahlreicher Bücher, darunter *Alone Together: Why We Expect More from Technology and Less from Each Other* (dt. Ausgabe: *Verloren unter 100 Freunden*) zum Thema Technologie und neue Formen der Einsamkeit und *Reclaiming Conversation: The Power of Talk in a Digital Age*. Sherry ist klinische Psychologin, und das zweite hier genannte Buch ist auf vielerlei Weise extrem hilfreich. Doch der wichtigste Punkt im Kampf gegen Einsamkeit ist ihre Idee der sogenannten Sieben-Minuten-Regel, einer Gesprächsstrategie, die ihr von einer College-Studentin in einem Interview für dieses Buch genannt wurde.

Die Studentin erklärte, für sie könnten sich sieben Minuten entsetzlich lang anfühlen. Ich verstehe, was sie meint. Sieben Minuten im Gespräch können uns wie eine Ewigkeit vorkommen, wenn wir der Ansicht sind, dass wir mit der anderen Person absolut nichts gemeinsam haben. Doch es lohnt sich, so lange dranzubleiben. Nach

420 Sekunden könnten Sie herausfinden, dass Sie im selben Sommercamp waren oder gemeinsame Freunde haben. All das sind vielversprechende Ansätze für eine beginnende Beziehung. Die Studentin gab zu, dass es ihr nicht gelingt, ihre eigene Regel einzuhalten, wenn sie ihr Smartphone dabeihat. Diese Bemerkung bestärkte Sherry in ihrer Sorge, dass Smartphones uns von unserem Ziel ablenken, ein weniger einsames Leben zu führen. »Gespräche sind das Menschlichste, was wir tun, und sie machen uns zu Menschen«, sagte Sherry einmal zu mir. Und wie Sie inzwischen wissen sollten, bin ich ganz und gar ihrer Ansicht.

Machen Sie sich Notizen

Allen Gefahren zum Trotz, ist Ihr Smartphone das perfekte Werkzeug, um nachzuhalten, was anderen Menschen wichtig ist.

Machen Sie sich Notizen auf Ihrem Smartphone, wenn Freunde oder Verwandte eine bestimmte Kleidungsmarke erwähnen, die sie mögen, eine Sängerin oder eine Band, die sie lieben, oder ein Restaurant, das sie sehr gern mal ausprobieren würden. Dann stehen Sie beim nächsten Geburtstag oder einem anderen Fest nicht dumm da (und retten sich mit einem unpersönlichen Geschenk oder einer Karte), sondern müssen nur auf Ihre Liste schauen und können dann etwas kaufen oder selbst machen, das zeigt, wie viel die andere Person Ihnen bedeutet und wie genau Sie im Gespräch zuhören.

Schenken ist eine Gelegenheit, um Dankbarkeit und Liebe zum Ausdruck zu bringen. Indem Sie mit Sorgfalt ein Geschenk auswählen, zeigen Sie, dass Ihnen die Interessen des Empfängers oder der Empfängerin wichtig sind, und weil diese Sorgfalt Nähe aufbaut, wird Ihre Bindung dadurch stärker. Aber machen Sie sich auf keinen Fall noch während des Gesprächs solche Notizen. Bleiben Sie im Moment und konzentrieren sich auf das Gespräch, aufschreiben können Sie das alles später.

Mehr reden, weniger texten

In den letzten Abschnitten habe ich Strategien empfohlen, bei denen das Smartphone als Hilfsmittel eingesetzt wird, um Kontakte anzuknüpfen und zu vertiefen. Doch wenn Sie genau aufgepasst haben, fällt Ihnen eine gewisse Ironie daran auf: Meine Empfehlungen beziehen sich bisher nicht darauf, das Smartphone wirklich als Telefon zu benutzen und Leute anzurufen. Viele von uns ziehen es heutzutage ohnehin vor, Textnachrichten zu schreiben, aber ich bin ein großer Fan davon, Telefone für ihren ursprünglichen Zweck zu verwenden. Wenn wir die Stimme eines Menschen hören, fühlen wir uns sofort weniger einsam.

Was fehlt, wenn Sie Textnachrichten schreiben oder empfangen, ist tatsächlich der Klang der menschlichen Stimme. Schon das schlichte Wort Ja nimmt eine vollkommen unterschiedliche Bedeutung an, je nachdem, ob Sie es mit Begeisterung aussprechen oder mit mürrischem Unterton. Ein kleiner Seufzer vor dem Ja signalisiert der Person, die es hört, dass Sie eigentlich nicht zustimmen wollen, sich aber dazu verpflichtet fühlen. Bereits als Säuglinge lernen wir durch Nachahmung, dass unsere Stimmen fröhlich oder traurig, wütend oder müde klingen können. Und schon seit prähistorischer Zeit nutzen Menschen die Klangfarben ihrer Stimme, um Gefühle zum Ausdruck zu bringen und zu übermitteln. Es macht absolut keinen Sinn, jetzt, im 21. Jahrhundert, diese stimmlichen Hinweise nicht mehr zum Einsatz zu bringen.

Ich gebe zu, dass Textnachrichten einfacher sind, wenn Sie gerade in einem überfüllten Bus stehen. Doch wenn Sie immer nur texten, leiden Ihre Beziehungen darunter. Und auch Audioaufnahmen sind kein guter Ersatz für einen Anruf. Natürlich ist eine Sprachnachricht besser als eine Textnachricht, doch für ungeduldige Zeitgenossen wie mich dauert das alles viel zu lange, wenn wir auf Antwort warten.

Übrigens hat Telefonieren noch einen Zusatznutzen. Sie haben vielleicht noch nicht daran gedacht, dass Sie mithilfe des Telefons auf Ihre 10 000 Schritte kommen könnten, doch wenn Sie es machen wie Dr. Ruth, kriegen Sie das sicher hin. Ich laufe nämlich ständig hin und her, wenn ich telefoniere. Auf diese Weise wird das Telefonieren zu einer Art Sport.

Verwenden Sie Emojis

Wenn es nicht möglich oder wünschenswert ist, jemanden anzurufen, helfen Emojis als zweitbeste Methode, Ihre Gefühle zu vermitteln und nicht missverstanden zu werden. Emojis verbessern die Qualität von Textnachrichten in Richtung Anruf. Mit ihrer Hilfe kommen Ihre Nachrichten so rüber, wie Sie das beabsichtigen. Und wenn Sie besser kommunizieren, stärkt das auch Ihre Beziehungen.

Ich gebe Ihnen ein Beispiel, um das Konzept zu erklären. Wenn Sie nur mit einem einzigen Wort auf eine Frage antworten, ohne Emoji, wirkt das unter Umständen schroff oder abweisend. Doch wenn Sie ein lachendes Emoji hinzufügen, kommen Sie begeistert rüber, und das fühlt sich dann auch für die Person am anderen Ende gut an.

Letztlich geht es um die Bedeutung nonverbaler Hinweise für den Schutz und die Stärkung von Beziehungen. Auch Filmschauspieler sagen ja nicht nur ihren Text auf, sondern nutzen ihre Mimik, um dem Publikum zu vermitteln, was die Filmfigur empfindet. (Übrigens sind Emojis auch ein wirksamer Ersatz für Blickkontakt.) Es gibt unzählige Emojis, und ich rate Ihnen sehr, sie zu nutzen.

Cool bleiben

Nehmen wir einmal an, es gibt einen neuen Menschen in Ihrem Leben. Wenn diese neue Freundin, dieser neue Freund – oder vielleicht ist es auch ein Geliebter – vorher ebenfalls einsam war, kommen Sie sich vielleicht in kurzer Zeit sehr nahe. Höchstwahrscheinlich hat dieser Mensch aber Freunde und Familie, wird also kaum die Zeit haben, Ihren gesamten Kalender auszufüllen. Wenn Sie dann zu sehr drängen, zu viele Textnachrichten schreiben und so weiter, kommt womöglich das Gefühl auf, dass Sie zu bedürftig sind. Und wenn Sie Pech haben, wird diese Person Sie dann meiden, statt Zeit mit Ihnen zu verbringen.

Deshalb rate ich Ihnen, zu Beginn jeder Beziehung eher ein wenig Zurückhaltung zu zeigen. Schreiben Sie nicht zu oft und wenn doch, halten Sie die Textnachrichten sehr kurz. Mir ist klar, dass Sie dazu neigen, Kontakt zu suchen, Sie wollen sich ja vergewissern, dass man Sie nicht vergessen hat. Doch achten Sie sehr genau auf die Antworten. Kommen sie schnell? Zeigen Sie Begeisterung oder Langeweile? Wenn die Person am anderen Ende der Leitung nicht sehr schnell und wertschätzend antwortet, ist es besser, Sie halten sich zurück und bleiben cool.

Ich verstehe das alles gut: Sie sind sehr einsam, und es fühlt sich geradezu lebensrettend an, einen neuen Freund zu finden. Deshalb klammern Sie sich fest, als ginge es um Ihr Leben. Doch so verständlich diese Reaktion auch ist: Bewahren Sie Geduld. Sonst geht Ihnen diese neue Verbindung womöglich bald wieder verloren. Was auch immer passiert, in den ersten Stadien einer Beziehung sollten Sie versuchen, sich zu entspannen und die Zahl Ihrer Textnachrichten zu begrenzen.

Hören Sie Podcasts

Podcasts sind eine wunderbare Art der Unterhaltung und Information. Einige bieten aber noch viel mehr als Musik, Kommentare und Interviews. Manche Podcaster scharen regelrechte Online-Communitys um sich und schaffen Erlebnisse, um die Verbundenheit zwischen ihren Hörerinnen und Hörern zu fördern. Ich empfehle Ihnen, sich ein oder zwei Podcasts zu Lieblingsthemen auszusuchen und zu prüfen, ob es Möglichkeiten gibt, die Episoden auf Facebook oder bei persönlichen Treffen zu diskutieren. Und wenn Sie dabei erfolgreich sind, bleiben Sie nicht passiv, sondern beteiligen Sie sich an Gesprächen und gehen Sie auch zu Events, wenn sie angeboten werden.

Podcasts sind eine großartige Erfindung. Wenn ich heute mit meinem Radioprogramm starten würde, dann wäre der Podcast ganz klar meine erste Wahl. Podcasts laden zu Diskussionen über fast jedes Thema ein und sorgen dafür, dass sich alle, die zuhören, weniger allein fühlen. Achten Sie aber darauf, dass Sie nicht jedes Mal, wenn Sie im Taxi fahren oder Besorgungen machen, einen Podcast hören. Um persönliche Verbindungen zu knüpfen, müssen Sie wenigstens gelegentlich die Ohren offenhalten.

Stellen Sie sich einmal folgende Situation vor: Sie stehen an der Supermarktkasse. Die Schlange ist sehr lang. Die Person vor oder hinter Ihnen würde ganz gern eine kleine Plauderei unter Leidensgenossen anfangen, sieht aber die Pods in Ihren Ohren. Was zur Folge hat, dass Sie, auch ohne ein Wort zu sagen, tatsächlich sehr viel kommunizieren. Zum Beispiel: *Ich bin nicht an einem Ge-*

spräch mit Ihnen interessiert. Und was passiert? Nichts passiert. Eine Gelegenheit verstreicht, weil die Technologie dazwischengeraten ist. Darum geht es mir.

Sie wissen sicher, dass es Paare gibt, die sich beim Warten auf einen Latte macchiato bei Starbucks kennengelernt haben. Damit Ihnen so etwas passieren kann, müssen Sie gesprächsbereit sein. Also bitte, nutzen Sie Ihre Ohrhörer nicht als Krücken. Wenn Sie neue Freundschaften schließen oder einen neuen Partner, eine neue Partnerin finden wollen, sollten Sie die Podcasts lieber zu Hause hören.

Plaudern Sie mit Sitznachbarn

Ich persönlich schließe ja sehr gern neue Freundschaften im Flugzeug! Und tatsächlich habe ich schon alle möglichen tollen Leute kennengelernt, nur weil wir während eines Flugs nebeneinander saßen. Einmal traf ich einen Designer, der mir dann zwei schöne Outfits entwarf. Auf einem anderen Flug lernte ich eine Frau kennen, die gerade ihren Master in Sozialarbeit machte. Sie war Mormonin, und ich lud sie ein, in meiner Show aufzutreten, weil ich sie gern über das Familienleben in der mormonischen Community interviewen wollte. Wenn Sie das nächste Mal einen längeren Flug vor sich haben, empfehle ich Ihnen, mit Ihrem Sitznachbarn zu plaudern. Sie müssen ja nicht gleich ein ernsthaftes Gespräch über Politik anfangen oder allzu persönliche Fragen stellen, aber ein kleiner Flirt kann nicht schaden.

Ich kann es gut verstehen, wenn sich so etwas für Sie zu verkrampft anfühlt. Doch wenn Sie trotzdem den Eindruck haben, es passt gerade, raffen Sie sich ruhig mal zu einer offenen Frage auf, die zum Plaudern einlädt. Sie könnten Ihre Sitznachbarin fragen, ob sie nach Hause fliegt oder eine Geschäftsreise unternimmt. Wenn sie sagt, sie reist beruflich, können Sie sie nach ihrer Arbeit fragen. Womöglich haben Sie gemeinsame berufliche Interessen. John Silberman, einige Zeit mein Anwalt und Berater in geschäftlichen Angelegenheiten, wurde mir auf einem Flug empfohlen. Wir kennen uns jetzt schon seit mehr als vierzig Jahren.

Ich weiß, es ist heute schwieriger als früher, die unsichtbare Mauer zwischen Fremden einzureißen. Wir sind beim Reisen nicht mehr aufeinander angewiesen. Änderungen des Abfluggates bekommen wir aufs Handy, und während des eigentlichen Fluges können wir endlos Fernsehsendungen und Filme anschauen. (Früher mussten wir uns unterhalten, wenn es langweilig wurde!) Doch ich sage: Neue Kontakte knüpfen Sie eher, wenn Sie den Bildschirm mal abschalten.

Ich war nie eine Verfechterin von Abstinenz, was Sex angeht, und auch in Sachen Smartphones plädiere ich nicht für Enthaltsamkeit. Sie müssen Ihr Gerät nicht ausschalten, wenn Sie unterwegs sind. Aber Sie müssen einen Mittelweg finden, der es Ihnen ermöglicht, sich unterhalten zu lassen und trotzdem in Kontakt mit den Menschen rundum zu bleiben. Vielleicht schauen Sie sich eine Fernsehsendung an statt einer ganzen Serie. Jemand muss nun mal den ersten Schritt machen, warum nicht auch einmal Sie?

Bleiben Sie wählerisch

Freundschaften verlangen eine gewisse Anstrengung, doch Sie müssen Freunde nicht kaufen. Natürlich können Sie Geld für Geschenke zum Geburtstag und zu anderen Festen ausgeben. Das ist sehr großzügig von Ihnen und hilft sicher auch ein wenig. Doch wenn sich Ihr Bankkonto dramatisch leert, ist das nie ein Zeichen für eine gesunde Beziehung, die auf gegenseitiger Zuneigung und Respekt aufbaut.

Ich habe viele Geschichten von einsamen Leuten gehört, die regelrecht ausgenommen wurden, als sie sich auf digitales Gaming einließen. Es gibt dort Wettbewerbe, wo live vor Publikum gespielt und um virtuelle Geschenke geworben wird. Diese Geschenke kosten echtes Geld, und wenn Sie genug Geld ausgeben, wird man Sie sicher mit Lob überschütten. Diese Aufmerksamkeit fühlt sich gut an, Sie fühlen sich gesehen und wertgeschätzt – aber das ist alles nicht echt. Es dient nur dazu, Sie vor dem Bildschirm festzuhalten, damit Sie immer noch mehr Geld ausgeben.

Aber Dr. Ruth, höre ich Sie sagen, *ich habe auf diese Weise so viele Freunde gefunden! Wenn ich mich von denen trenne, habe ich gar keine Freunde mehr.*

Wenn Sie nicht unter Einsamkeit leiden würden, wäre das ein klarer Punkt für Sie. Doch Sie leiden. Und es bringt Ihnen gar nichts, wenn Sie mit dieser Art von Freunden so viel Zeit verbringen. Ernsthaft gesprochen: Sie müssen sich von diesen Aktivitäten zurückziehen und das Interesse und die Energie aufbringen, um Menschen persönlich zu treffen. Sie müssen rücksichtslos wählerisch sein.

Und wenn Sie dann beschlossen haben, stärker darauf zu achten, wie und mit wem Sie Ihre Zeit verbringen, empfehle ich Ihnen, Websites und Apps zu nutzen, die dazu gedacht sind, Verbindungen rund um bestimmte Leidenschaften und Ziele herzustellen.

Sehr beliebt ist in dieser Hinsicht Meetup. Die Treffen können sich um fast jedes Interessengebiet und jede Aktivität drehen, vom Kaffeetrinken über Fremdsprachen bis hin zum Spazierengehen. Dort können Sie Mitspieler für Basketball oder Laufpartner finden. Meetups sind besonders hilfreich, wenn Sie in eine neue Stadt ziehen oder dort zu Besuch sind. Sie finden sofort Menschen, die Ihre Interessen teilen, die Sie vielleicht wirklich mögen und die ganz in Ihrer Nähe leben.

Besonders gut gefällt mir an diesen Plattformen (Meetup ist ja nicht die einzige), dass die meisten Organisatoren dort ihre Aufgabe sehr ernst nehmen. Sie geben sich große Mühe, damit sich alle, die sich auf der Plattform einfinden, wohlfühlen sollen. Sie begrüßen neue Mitglieder und stellen sie anderen vor – es dauert nur Sekunden, dann sind Sie Teil einer Gruppe.

Meetups sind voll mit Leuten, die offen für neue Freundschaften sind. Sind diese Leute einsam, suchen sie eine dauerhafte, bedeutungsvolle Beziehung? Bei einigen von ihnen ist das so, bei anderen nicht. Doch eins kann ich Ihnen sagen: Die Chancen stehen gut, dass Sie dort zumindest ein paar neue Bekanntschaften machen und Ihren Spaß haben.

Dating-Apps

Dating in späteren Lebensabschnitten (aber eigentlich gilt das für alle Altersgruppen) kann sehr einschüchternd sein. Nachdem mein Mann Fred gestorben war, habe ich irgendwann versucht, jemand Neues kennenzulernen. Dazu ging ich auf Jdate, eine Online-Dating-App für jüdische Singles. Damals war es nur eine Website, inzwischen ist die App viel größer geworden.

Ein paar Profile interessierten mich (ein Mann war Therapeut, ein anderer nur eins fünfundfünfzig groß, für mich war das ein Plus!), doch ich fand niemanden, der mich genug begeistert hätte, um dranzubleiben. Und einfach nur eine Beziehung erzwingen, um nicht allein zu sein, das wollte ich nicht. Dafür bin ich mir zu schade, und das sollten Sie auch so sehen.

Mir ist klar, dass Sie in fortgeschrittenem Alter vielleicht eine gewisse Dringlichkeit spüren, einen neuen Partner oder eine Partnerin zu finden. Vielleicht gönnen Sie sich nicht die Chance, wählerisch zu sein, weil Sie das Gefühl haben, Ihnen läuft die Zeit weg. Mein Rat ist ganz klar: Stürzen Sie sich nicht in eine Beziehung, nur weil Sie sich selbst unter Zeitdruck setzen. Entspannen Sie sich, nehmen Sie Druck raus. Sie müssen sich nicht mit jemandem zufriedengeben, der gerade so okay ist. Seien Sie lieber geduldig und warten auf jemanden, der wirklich zu Ihnen passt. Schlechte Beziehungen können bewirken, dass Sie sich noch einsamer fühlen, als wenn Sie allein sind.

Meine Erfahrung mit Jdate war also nicht besonders aufregend, doch davon sollten Sie sich nicht entmutigen lassen. Ich habe Freunde, die mit Dating-Apps sehr schöne Erfolge hatten (es gibt ja genug solche Apps zum Ausprobieren). Vor allem Freunde, die über sechzig oder siebzig Jahre alt waren. Der gemeinsame Nenner? Sie alle haben ihr Alter voll und ganz akzeptiert und sich Zeit gelassen.

Bleiben Sie ehrlich

Der Vorteil, den Sie beim Dating haben, wenn Sie schon etwas älter sind, liegt darin, dass Sie mit viel klarerem Kopf an die Sache herangehen, als wenn Sie um die zwanzig wären. Sie wissen, was Sie wollen, weil Sie Lebenserfahrung haben. Und mit diesem Selbstbewusstsein können Sie sich auch online präsentieren. Wenn Sie dies als junger Mensch lesen, können Ihnen meine persönliche Erfahrung und meine jahrelange Arbeit als Therapeutin viel Herzschmerz ersparen.

Ich stehe nicht gern in der Küche, also würde ich wohl kaum den richtigen Partner finden, indem ich behaupte, ich würde gern kochen. Viel eher könnte ich punkten, indem ich ehrlich über meine Liebe zum Skifahren spreche. Ähnlich ist es auch bei Ihnen: Wenn Sie ungern an den Strand gehen und über das Profil von jemandem stolpern, der im Urlaub am liebsten auf einem Liegestuhl in der Sonne liegt, versuchen Sie es am besten gar nicht mit einem ersten Date. Sparen Sie sich die Zeit und Energie. Gerade weil es so einfach ist, über solche Apps neue Bekanntschaften zu schließen, seien Sie bitte sehr vorsichtig.

Und das gilt nicht nur in Bezug auf Empfängnisverhütung und sexuell übertragbare Krankheiten.

Wenn Sie ein Date nach dem anderen haben, kann das dazu führen, dass Sie sich irgendwann sehr einsam fühlen. Noch einsamer, als wenn Sie gar nicht erst damit anfangen. Ein ständiger Kreislauf von neuen Bekanntschaften verhindert förmlich, dass sich starke Bindungen entwickeln. Stattdessen fühlen Sie sich womöglich leer und verlieren das Selbstwertgefühl. Und diese Mahnungen gelten für jede und jeden – ob Sie fünfundzwanzig oder fünfundsiebzig Jahre alt sind. Sie erhöhen die Wahrscheinlichkeit, über eine Dating-App den Partner oder die Partnerin fürs Leben zu finden, wenn Sie absolut ehrlich sagen, was Sie mögen und was nicht. Lassen Sie sich nie zum Schwindeln verleiten!

Genießen Sie Sightseeing

Buchen Sie doch mal eine Gruppenreise oder schließen Sie sich einer Führung durch Ihre eigene Stadt an! In New York gibt es einen historischen Spaziergang auf der Lower East Side, bei dem Sie auch Pizza und Bagel genießen können. Und es gibt einen Spaziergang durch Harlem mit Stopps an Orten, die an die Harlem Renaissance und die Bürgerrechtsbewegung erinnern. Übrigens können Sie auch mithilfe von Apps, z. B. mit Google Maps oder Yelp, eigene Ausflüge entwerfen. Wenn Sie sich einsam fühlen, laden Sie eine Freundin ein mitzukommen. Das motiviert sehr dazu, mal vor die Tür zu gehen. »Sightseeing ist eine der beliebtesten gemeinsamen Unternehmungen«, schreibt die Podcasterin und Autorin Gretchen Rubin in ihrem wunderbaren Buch *Life in Five Senses.*

Und noch eine letzte Empfehlung: Kommen Sie bei Ihrem nächsten Besuch in New York mit Ihrer Familie in mein Stadtviertel, Washington Heights. Dort sollten Sie die Cloisters besuchen, ein faszinierendes Museum für mittelalterliche Kunst, das im Fort Tryon Park liegt. Und wenn Sie schon da sind, setzen Sie sich ein Weilchen auf Freds Bank. Sie steht ganz in der Nähe des Eingangs am Margaret Corbin Circle. Ihr Besuch würde mir viel bedeuten.

Achten Sie auf Ihre Bildschirmzeit

Ja, wir müssen mit der Technologie leben, doch wir müssen gleichzeitig auch ehrlich darauf achten, wie viel wir sie benutzen. Ich bin sehr dafür, ein aktives digitales Leben zu führen, doch immer mit Maß und Ziel und nie auf Kosten persönlicher Begegnungen.

Die einfachste Art, herauszufinden, ob Sie zu viel Zeit online verbringen, ist eine Aufzeichnung der Bildschirmzeiten. Ich wünschte, ich könnte Ihnen eine bestimmte Stundenzahl nennen, bei der sich die Forschung einig ist, dass alles gut und harmlos ist. Doch eine solche Stundenzahl gibt es nicht. Vielleicht sollten wir uns so einigen: Wenn Sie so viel Zeit mit Ihrem Smartphone verbringen, dass es Sie daran hindert, Ihre Freundschaften und Liebesbeziehungen zu pflegen, müssen Sie etwas ändern.

Ich würde niemals zustimmen, wenn jemand behauptet, Sie müssen die Stundenzahl auf null herunterfahren. Wir können Technologie wunderbar nutzen, um Verbindungen zu anderen Menschen aufzubauen. Achten Sie aber trotzdem auf die Zeit und geben Sie sich selbst Rechenschaft darüber. Es ist gut, wenn es jemanden gibt, der Ihnen über die Schulter schaut und dem Ihre Interessen am Herzen liegen. Dieser Jemand sind Sie selbst.

Monatskalender – einmal durch das Jahr

Feiertage liefern uns passende Gelegenheiten, um mit anderen Menschen in Verbindung zu bleiben. Einige Tage sind allgemein bekannt, andere eher nicht so weit verbreitet, darunter der Welttag des Kompliments und der Tag der Freundschaft. Dabei sind auch diese Tage sehr schön geeignet, um Beziehungen aufzubauen. Es gibt auch Feiertage, an denen sich die Einsamkeit noch schlimmer anfühlt. Wenn ein Elternteil gestorben ist, können Muttertag und Vatertag solche Tage sein. In allen diesen Fällen ist es sinnvoll und hilfreich, ein wenig vorauszuplanen.

Natürlich beginne ich mit dem Januar. Vielleicht nehmen Sie sich zum Beginn des neuen Jahres vor, mehr Verbindungen herzustellen? Das wäre großartig. Aber was tun, wenn Sie dieses Buch im Juni lesen? Sie sollten Ihre Suche nach mehr Gemeinschaft auf keinen Fall weitere sechs Monate aufschieben, natürlich nicht! Ich bin ein ungeduldiger Mensch; ich möchte, dass Sie sich genau den Monat vornehmen, in dem Sie sich gerade befinden, und einfach starten.

Doch ich möchte auch, dass Sie sich eins klarmachen: Sie werden die Einsamkeit nicht über Nacht los. Sie müssen akzeptieren, dass es Zeit braucht, und anerkennen, dass Sie nur dann Erfolg haben werden, wenn Sie dranbleiben. Genau aus diesem Grund wird dieser Monatskalender so hilfreich sein. In jedem Monat und jeder Jahreszeit gibt es mindestens eine unmittelbare Gelegenheit, um neue Kontakte zu knüpfen und alte zu pflegen. Eine Gelegenheit, die Sie sofort in die Tat umsetzen können. Und wenn Ihnen ein Vorschlag besonders gut gefällt, der in einem weit entfernten Monat steht, stürzen Sie sich ruhig hinein. Jede Minute zählt!

Die nächsten Kapitel zu den zwölf Monaten des Jahres sind ein gesundes Dessert, das zu meinem Speiseplan gegen die Einsamkeit passt. Jedes dieser Kapitel bietet eine neue Chance, der Einsamkeit ein Schnippchen zu schlagen und ab sofort ein glücklicheres, sinnvolleres Leben zu führen.

Januar

Es gibt keinen besseren Vorsatz zum neuen Jahr als diesen: den eigenen Bekanntenkreis zu erweitern und zu vertiefen. Ihr heutiges Selbst muss für das Selbst von morgen Sorge tragen.

Doch Sie sollten sich auch nicht schlecht fühlen, wenn Sie ins Straucheln geraten. Sie können jetzt beginnen, es später noch mal versuchen und noch später erneut. Wenn ich mir zum neuen Jahr etwas vornehme, weiß ich genau, dass ich mich nicht daran halten werde. Wir müssen nicht perfekt sein. Urteilen Sie nicht über sich selbst und bleiben Sie Ihrem Ziel treu, auch wenn es gelegentlich Rückschläge gibt.

Natürlich lohnt es sich, den Jahresbeginn zu nutzen, doch setzen Sie nicht all Ihre Hoffnung darauf. Machen Sie weiter, auch wenn Ihre Bemühungen nicht gleich Erfolg zeigen. Und treffen Sie weiterhin Entscheidungen, von denen Sie das ganze Jahr profitieren – vielleicht sogar das ganze Leben.

Februar

Wenn Sie nur mit Schrecken an den Valentinstag denken können, machen Sie es mir nach: Rufen Sie einen Freund oder eine Freundin an, die ebenfalls allein ist, und planen Sie etwas Angenehmes zusammen. Bestellen Sie sich ein schönes Abendessen, schauen Sie zusammen einen Film an, den Sie beide mögen. Und wenn Sie sich doch eher dazu entscheiden, in ein Restaurant oder eine Bar zu gehen, wer weiß, wen Sie dort treffen!

Von diesem Rat einmal abgesehen, hilft Ihnen vielleicht auch das Wissen, dass ich überhaupt kein Fan des Valentinstages bin: Das Ganze ist eine Erfindung von Geschäftemachern, die Ihnen keine Sorgen bereiten sollte. Die Preise in den Restaurants sind an diesem Tag besonders hoch, und auch die Blumenläden machen ordentlich Reibach. Und Menschen, die nicht in einer Beziehung leben, fühlen sich noch einsamer, wenn sie überall mit roten und rosa Herzen bombardiert werden.

Wie auch immer: Ich verstehe, dass dieser Tag vielen Menschen Kummer bereitet. Deshalb hier zwei Ideen, die Ihre Stimmung heben können.

Erste Idee: Planen Sie eine Party. Meine Freundin Judy Licht, ehemalige Fernsehreporterin und Moderatorin, lädt jedes Jahr am Valentinstag zu einer sehr lustigen Frauenparty ein. Um so etwas ebenfalls zu machen, müssen Sie nicht allein leben, Sie müssen auch nicht verwitwet oder geschieden sein. Es ist einfach eine schöne Gelegenheit, sich unter Freundinnen zu sagen, dass man sich mag.

Zweite Idee: Bieten Sie einem alleinerziehenden Elternteil oder einem Paar mit Kindern Babysitterdienste für diesen Abend an. Sie fühlen sich gut, weil Sie jemandem helfen, aber Sie sind durch das Zusammensein mit den Kindern auch so abgelenkt, dass Sie keinen Moment ans Alleinsein denken.

März

Der 1. März ist der Welttag des Kompliments. Und wussten Sie schon, dass Komplimente eine Geheimwaffe gegen Einsamkeit sind? Tatsächlich sind sie mindestens so wirksam wie der Griff zum Telefon, um auf einer Party Fotos zu machen.

Wenn Sie jemandem sagen, dass Ihnen sein Hemd gefällt oder dass ihr der neue Haarschnitt gut steht, fühlen sich die anderen gut, und ihre positive Stimmung überträgt sich in Ihre Richtung. Studien zeigen, dass wir die positive Wirkung von Komplimenten oft unterschätzen. Greifen Sie irgendwas heraus, was Sie sehen – den Hut, den Pullover –, und sagen Sie etwas Nettes darüber. Es ist harmlos, es ist einfach, und es funktioniert. Und dabei kostet es nicht einmal etwas!

Doch Komplimente müssen gar nicht so offensichtlich sein. Das Kompliment, das mir am meisten bedeutet, ist die Tatsache, dass meine Arbeit als Therapeutin ernst genommen wird, obwohl ich so klein bin. Allzu oft habe ich befürchtet, man würde meine Arbeit abtun wegen meiner Körpergröße. Sollten Sie mich mal persönlich treffen: Über dieses Kompliment würde ich mich am meisten freuen.

April

Der 22. April ist Earth Day. Da gibt es viele Gemeinschaftsaktivitäten, die um Ihre Aufmerksamkeit werben, doch ich würde Ihnen raten, diesen Tag – oder zumindest einen Teil des Tages – ganz allein zu verbringen. Klingt vielleicht absurd, und Sie sagen möglicherweise: *Aber Dr. Ruth, warum soll ich denn noch mehr Zeit allein verbringen? In diesem Buch geht es doch um den Kampf gegen die Einsamkeit!*

Ja, ich weiß. Und nein, ich bin nicht verrückt geworden. Tatsache ist, dass praktisch jedes bisschen grüne Landschaft helfen kann, damit wir uns weniger einsam fühlen. Die Natur bietet uns alternative Möglichkeiten, mit der Welt um uns herum in Kontakt zu treten. Wenn wir draußen sind, wenn wir das Rascheln der Blätter im Wind hören oder einen Bach beobachten, dessen Wasser über Steine plätschert, erhöht sich unser Wohlbefinden.

Ich bin immer gern in der Natur gewesen. Wenn ich mich auf die Wolken oder die Eichhörnchen konzentriere, vergesse ich die Dinge, die mir Sorgen bereiten, jedenfalls für eine Weile.

Bei uns in New York City gibt es einen Garten, den ich ganz besonders mag und in dem ich mit der Natur in Kontakt komme. Freunde meiner Tochter besitzen eine Gärtnerei in den Niederlanden, und als sie eine neue Tulpensorte gezüchtet hatten (sie ist klein und hat sehr kräftige Farben!), benannten sie sie nach mir. Hunderte dieser fröhlichen Blumen wurden unweit meiner Wohnung in meinem geliebten Fort Tryon Park gepflanzt. Und sie haben den Garten »Dr. Ruth's Tulips« genannt. Vielleicht kommen Sie ja mal am Earth Day vorbei und besuchen meine Tulpen.

Mai

Wenn Sie um Ihre Mutter trauern, fühlen Sie sich am Muttertag vielleicht besonders einsam. Meine Mutter hieß Irma Hanauer, und ich erinnere mich noch gut an das, was sie zu mir sagte, als sie mich in Deutschland in den Zug setzte, um mich vor den Nazis zu retten: »Sei brav. Lerne fleißig. Es wird schön sein in der Schweiz. Und wir werden uns wiedersehen.«

Ihre Worte schenkten mir Hoffnung und hielten mich in vielen dunklen Stunden aufrecht. Wenn ich heute, fast hundert Jahre alt, zurückblicke, empfinde ich vor allem Staunen. Ihr Mut erstaunt mich. Wie sehr muss sie um das Leben ihrer Tochter gefürchtet haben, dass sie es für das Beste hielt, sie in einen Zug zu setzen, in ein Land zu schicken, in dem sie selbst nie gewesen war. Zu Menschen, die sie nicht einmal kannte!

Doch wenn ich mich an meine Mutter erinnere, halte ich mich mit diesen Gedanken gar nicht auf. Ich konzentriere mich auf die wunderbaren zehn Jahre, die wir zusammen erlebt haben. Und angesichts meiner Erfahrungen mit Verlust (meinen eigenen und denen meiner vielen Klienten) möchte ich Ihnen drei Dinge raten, die Ihnen helfen können, wenn Sie sich am Muttertag einsam fühlen.

Erstens: Seien Sie dankbar. Wenn Sie eine positive Beziehung zu Ihrer Mutter hatten, freuen Sie sich darüber. Viele Klienten, die ich in meiner Privatpraxis betreute, hatten keine gute Beziehung zu ihrer Mutter, man sollte das also nicht für selbstverständlich halten.

Zweitens: Nehmen Sie sich Zeit, an Ihre Mutter zu denken, auch wenn es einen Bruch in Ihrer Beziehung gegeben hat oder Sie sich emotional nie nahestanden. Einsamkeit vertieft sich, wenn Sie Ihre Emotionen ignorieren und so tun, als ginge es Ihnen gut.

Und drittens: Wenn Sie sich nach diesen zwei Ratschlägen nicht besser und etwas mehr mit Ihrer Mutter verbunden fühlen, greifen Sie zum Telefon, rufen Sie einen Freund oder eine Freundin an. Suchen Sie sich jemanden aus, der Sie reden lässt und Ihnen nicht nach ein paar Minuten das Wort abschneidet, weil er oder sie zu beschäftigt ist. Ich verspreche Ihnen, wenn Sie diesen Rat befolgen, werden Sie sich nach und nach weniger allein fühlen.

Juni

Viele Menschen empfinden Verbundenheit und Liebe durch das Essen. Wenn Sie Ihren Vater am Vatertag vermissen, aus welchen Gründen auch immer – er mag verstorben sein, vielleicht haben Sie sich aber auch zerstritten –, können Sie Ihren Geruchs- und Geschmackssinn nutzen, um sich ihm näher zu fühlen. Und wenn Sie das tun, fühlen Sie sich hoffentlich etwas weniger einsam.

Mein Vater Julius Siegel verwöhnte mich in meiner Kindheit oft mit einem speziellen Essen. Da er sich Sorgen machte, weil ich nicht richtig wuchs, servierte er mir weich gekochte Eier mit Brotstreifen zum Eintauchen. Damit wollte er meinen Appetit anregen, denn ich war in meiner Kindheit eine sehr schlechte Esserin. (Heute esse ich viel. Vor allem Schokolade!) Außerdem erinnere ich mich, dass mir mein Vater jeden Freitagabend auf dem Weg in die Synagoge, noch vor Sonnenuntergang, eine Kugel Vanilleeis kaufte.

Gibt es Gerichte oder Süßigkeiten, die Sie an Ihren Vater erinnern? Indem Sie diese Gerichte essen und so richtig genießen, können Sie die Beziehung vielleicht wieder aufbauen und womöglich sogar noch stärker empfinden.

Juli

Als ich in den 1950er Jahren auf dem französischen Schiff *Liberté* nach Amerika fuhr, reiste ich in der vierten Klasse, ganz unten im Schiffsbauch. Wir durften das Oberdeck nicht betreten. Doch an dem Abend, als wir im Hafen von New York ankommen sollten, schlich ich mich zusammen mit Dan (der mein zweiter Ehemann werden sollte) nach oben. Die ganze Nacht warteten wir versteckt im Dunkeln, um einen Blick auf die Freiheitsstatue zu erhaschen. Diesen Anblick wollte ich auf keinen Fall verpassen. Ich war überglücklich, in die Vereinigten Staaten zu kommen, und ich war der U.S. Army ungeheuer dankbar, weil sie die Nazis besiegt hatte. Jetzt wollte ich endlich das Land sehen, aus dem die tapferen GIs gekommen waren, um uns zu retten.

Die Menschen in den Vereinigten Staaten vergessen oft, wie viel Glück sie haben, dass sie in einer freien Gesellschaft leben dürfen. Und das gilt im Prinzip für die meisten Länder des sogenannten Westens. Sie mögen einsam sein, doch Sie können Ihre Lebensumstände aus eigener Kraft verändern. Sie müssen keine Angst haben, dass irgendwelche Nachbarn oder Kollegen Sie bei der Geheimpolizei anschwärzen, wenn Sie sich mit den »falschen Leuten« abgeben. Sicher tragen äußere Einflüsse ein Stück weit zu Ihren Einsamkeitsgefühlen bei, doch im Prinzip haben wir alle die Freiheit, positive Veränderungen in unserem Leben herbeizuführen und uns selbst glücklicher zu machen. Diese Autonomie ist einer der Gründe, warum ich so gern den amerikanischen Unabhängigkeitstag am 4. Juli feiere. Außerdem ist er ein schöner Anlass, Kontakte in der Nachbarschaft zu knüpfen.

Ähnliche Feste und Feiertage gibt es in den meisten Ländern. Schließen Sie sich einem Komitee an, das Feierlichkeiten vorbereitet. Helfen Sie mit, einen Umzug oder ein Feuerwerk zu planen und durchzuführen. Nachdem solche Planungen eine Weile dauern, haben Sie während dieser Zeit mit einer ziemlich festen Gruppe zu tun, was die Verbundenheit mit den Nachbarn stärkt.

Sie können aber auch im kleineren Maßstab etwas tun. Laden Sie Nachbarinnen und Nachbarn zu einem solchen Fest in Ihrer Gegend ein. Ich persönlich finde es immer schön, wenn man mich einlädt. Es tut mir gut zu wissen, dass Leute mich gern um sich haben. Also geben Sie sich einen Ruck und vermitteln Sie dieses gute Gefühl auch Ihren Nachbarn.

August

Am ersten Sonntag im August ist der Tag der Freundschaft – eine ausgezeichnete Gelegenheit, Ihren Freunden einmal Danke zu sagen. Für mich sind Freunde ein großer Schatz, weil sie mir meine verlorene Familie ersetzen. Ich danke ihnen für jeden Anruf, jeden Brief, jeden Besuch in meiner Wohnung. Alle meine Freunde wissen, wie viel sie mir bedeuten – weil ich es ihnen sage.

Wir riskieren, Freunde zu verlieren, wenn wir sie für selbstverständlich halten. Wie Sie in meinem Gespräch mit Dr. Vivek Murthy noch lesen werden, war er irgendwann einmal so absorbiert von seiner Arbeit, dass er sich nicht einmal mehr die Zeit für seine wichtigsten Beziehungen nahm. »Ich habe mich geschämt, wieder Kontakt zu Freunden aufzunehmen, die ich vernachlässigt hatte«, schrieb er in der *New York Times*. Der Tag der Freundschaft ist da sehr praktisch, denn er erinnert uns sanft daran, dass wir unsere Freunde wieder einmal wissen lassen sollten, wie viel sie uns bedeuten.

Und hier meine Empfehlung für Sie: Machen Sie vor dem Tag der Freundschaft eine kurze Liste mit Freundinnen und Freunden. Schicken Sie jedem dieser Menschen eine Textnachricht oder eine E-Mail. Oder noch besser, rufen Sie die Leute an. Wie auch immer Sie es machen, das Ziel ist in jedem Fall dasselbe: Sagen Sie Ihren Freunden, dass Sie sie schätzen. Ihre Freunde werden sich darüber freuen, Sie selbst aber auch! (Es ist wissenschaftlich erwiesen, dass es uns glücklich macht, wenn wir unsere Dankbarkeit ausdrücken.) Eine Win-win-Situation, sozusagen.

Dankbarkeit hat die Kraft, Beziehungen zu vertiefen und ihnen mehr Bedeutung zu verleihen. Indem Sie Ihren Freundinnen und Freunden sagen, dass Sie dankbar sind, sie zu haben, bestätigen Sie den Wert Ihrer Freundschaft. Und wer möchte nicht gern ab und zu mal hören, dass man ihn für wertvoll hält?

September

Ich habe in meiner Kindheit so viel Liebe durch meine Großeltern erfahren, dass ich so viel wie möglich davon weitergeben wollte, als ich selbst Großmutter wurde. (Eine meiner liebsten Erinnerungen ist ein Besuch in einer Spielhalle gemeinsam mit meinem Enkel Ari. Da habe ich ihn an der Schießbude überrascht – Sie müssen bedenken, ich bin ausgebildete Scharfschützin. Er war vollkommen aus dem Häuschen, als wir mit einem Arm voll Stofftiere heimgingen.) Die Beziehung zwischen Großeltern und Enkelkindern ist mir so wichtig, dass ich mehrere Bücher darüber geschrieben habe und jetzt zusammen mit meinem Freund, dem Dirigenten Erik (ich habe Ihnen im Kapitel über Freunde und Geliebte schon von ihm erzählt) ein Konzert plane: »Ruth Grandmother to the World«. Und weil mir diese Beziehung so wichtig ist, möchte ich Ihre Aufmerksamkeit im September auf den Tag der Großeltern lenken.

Mindestens einmal im Jahr sollten Großeltern und Enkelkinder richtig viel Zeit miteinander verbringen. Normalerweise sind Großeltern diejenigen, die etwas schenken, aber an diesem Tag könnte man die Rollen einmal umkehren, und die Enkelkinder könnten etwas Lustiges oder Nützliches für ihre Großeltern tun: Kuchen backen, zusammen zu einer Sportveranstaltung gehen, den langsamen Computer wieder schneller machen … Wenn Enkelkinder sich Zeit für ihre Großeltern nehmen, hat die besondere Verbindung zwischen ihnen Gelegenheit zum Wachsen.

Ich weiß aber, dass nicht alle Großeltern derartige Momente mit ihren Enkelkindern erleben können. Deshalb möchte ich auch darauf aufmerksam machen, dass es möglich ist, eine Art Ersatz-Großeltern zu werden, und sei es nur für einen Tag. Sprechen Sie mal mit Ihren Nachbarn. Bieten Sie an, den Sohn oder die Tochter zum Eis einzuladen. Und wenn Sie das tun, stellen Sie genau die Fragen, die Großeltern eben stellen: Wie geht's in der Schule, was machen die Freundinnen und Freunde …

Es gibt auch formellere Wege, eine solche Beziehung anzubahnen. Auf einigen Websites und auf Facebook finden Sie Angebote für Menschen, die gern Ersatz-Großeltern sein möchten, und für Familien, die solche Ersatz-Großeltern suchen. Das New York City Department for the Aging, mit dem ich als Ambassador to Loneliness zusammenarbeite, unterhält ein solches Programm, das Personen über 55 Jahren mit Kindern und Jugendlichen zusammenbringt. Auf diese Weise sollen die jungen Leute Unterstützung in ihrer schulischen, sozialen und emotionalen Entwicklung erfahren. Und für die älteren Leute hilft dieses Programm gegen Einsamkeit und fördert ihr Engagement im Nahbereich. Es hilft aber auch gegen Stereotype und Vorurteile zwischen den Generationen, einfach indem enge Verbindungen geknüpft werden. Ähnliche Programme gibt es vielleicht auch in Ihrer Nähe. Sie müssen nur danach suchen und sich dann entschließen, daran teilzunehmen. Wenn Sie das tun, werden Sie sich nicht nur gut fühlen und Spaß haben, sondern gleichzeitig mithelfen, eine enger verbundene Gemeinschaft zu fördern. Damit wäre uns allen geholfen.

Oktober

In meiner Kindheit in Deutschland wurde Halloween nicht gefeiert. Dieser Feiertag war noch nicht in Europa angekommen. Inzwischen sieht das anders aus, aber es begann erst viele Jahrzehnte, nachdem ich weggegangen war. Seit ich in Amerika lebe, habe ich viele Halloween-Partys mitgefeiert und genossen. Einmal habe ich mich als Charlie Chaplin verkleidet, mit Anzug, Hut und Schnurrbart. Es war mit weitem Abstand mein bestes Kostüm aller Zeiten. Ich habe sogar seinen komischen Gang nachgeahmt!

Wenn Sie sich einsam fühlen, liegt es nahe, am 31. Oktober das Licht auszuschalten und so zu tun, als wären Sie nicht zu Hause. Doch wenn Sie Ihre Kontakte mit den Nachbarn vertiefen wollen, denken Sie noch mal darüber nach.

Eltern von kleinen Kindern gehen meistens mit, wenn ihre Sprösslinge um die Häuser ziehen. Denen könnten Sie doch zeigen, dass Sie ein geselliger Nachbar sind, der Spaß versteht!

Ziehen Sie ein knallbuntes Kostüm an. Und wenn die Kinder an Ihrer Tür klingeln, begrüßen Sie sie überschwänglich und teilen Sie großzügig Süßigkeiten aus. Wenn Sie als Hexe verkleidet sind, lassen Sie ein gackerndes Lachen hören. Nicht nur die Kinder finden das gut, sondern auch die Eltern – und darum geht es. Die Eltern sind nämlich Ihr wahres Publikum, so niedlich all die kleinen Prinzessinnen und Monster sein mögen. Wenn Sie sich dann nach Halloween das nächste Mal sehen, wird es beiden Seiten viel leichter fallen, Hallo zu sagen.

Thanksgiving ist bei uns in den Vereinigten Staaten viel mehr als nur ein Erntedankfest – es ist vielleicht das wichtigste Familienfest überhaupt; in anderen Ländern ist Weihnachten das Familienfest schlechthin. Ich mag Thanksgiving sehr, weil es von allen gefeiert wird und keinen religiösen Hintergrund hat. So sind wir alle miteinander verbunden. Doch vielleicht graust es Ihnen vor diesem Fest, weil von allen erwartet wird, mit ihren Familien zusammenzukommen. Was sollen Sie tun, wenn Sie niemanden haben, mit dem Sie an diesem Tag zusammen sein können? Oder wenn Ihnen ein Familientreffen schon im Voraus Sorge bereitet, bei dem Sie sich mit Sicherheit wieder schlecht fühlen werden? Ich hätte da ein paar Vorschläge für Sie.

Zunächst einmal: Passen Sie Ihre Erwartungen der Realität an. Wie fast alle Familienfeste, so erfüllt auch Thanksgiving nur selten die Erwartungen an ein idyllisches Zusammentreffen, wie man es in Filmen vorgeführt bekommt. Es gibt Streit, der Truthahn ist trocken, irgendjemand bricht in Tränen aus. Die meisten Familientreffen sind längst nicht so, wie wir sie gern hätten. Das sollten Sie im Kopf behalten.

Zweitens: Zeigen Sie Ihre eigene Verletzlichkeit, diesmal gegenüber Ihren Freunden und Nachbarn. Wenn Sie nicht offen und ehrlich darüber sprechen, nicht einmal mit einem einzigen Freund oder einer Freundin, wie sollen die Leute wissen, dass Sie an Thanksgiving niemanden haben, mit dem Sie sich treffen könnten? Verstecken

Sie Ihre Situation nicht, und sagen Sie den anderen, was Sie brauchen.

Drittens und zuletzt: Machen Sie einen Plan fürs nächste Jahr. Die wenigsten Probleme erledigen sich von selbst, Sie müssen sie proaktiv angehen.

Dezember

Der erste Tag des Winters ist auch der kürzeste Tag des Jahres – oder anders gesagt, die längste Nacht des Jahres. Deshalb spielt Licht bei allen Festen im Dezember eine so große Rolle, es bildet ein Gegengewicht zu der Dunkelheit. Wenn es eine Sache gibt, die ich mit diesem Buch gern vermitteln will, dann ist es diese: Sie haben die Macht, Ihr Leben größer zu machen – und heller.

Wenn Sie einsam sind, spüren Sie die Isolation wahrscheinlich wie ein schweres Gewicht auf Ihren Schultern. Manchmal fühlt sich die Welt sehr düster an. Hören Sie auf mich: Lassen Sie sich von der Einsamkeit nicht überwältigen. So trübe, kalt und düster es auch sein kann, Sie werden wieder Wärme und Sonnenschein erleben. Folgen Sie meinem Rat, Schritt für Schritt. Das Tauwetter wird kommen, Sie müssen nur noch ein bisschen durchhalten.

Als ich in der Schweiz im Waisenhaus lebte, vor allem, nachdem keine Briefe mehr von meinen Eltern kamen, gab es Tage, an denen die Einsamkeit so unerträglich wurde, dass ich am liebsten aufgegeben hätte. Meine Vergangenheit schien wie ausgelöscht, und meine Zukunft war sehr, sehr ungewiss.

Und sehen Sie mich an. Niemand hätte vorhergesehen – schon gar nicht diejenigen, die mich hänselten, weil ich so hässlich und klein war –, dass ich eines Tages eine weltberühmte Therapeutin sein würde. Oder die erste Ambassador to Loneliness in den Vereinigten Staaten. Schauen Sie sich meine Geschichte an, und dann entdecken Sie Ihre eigene.

Gut möglich, dass Ihr Leben sich heute bitter anfühlt. Aber ich bin sicher, Sie haben eine gute Chance, dass es besser wird. Allerdings kann sich nur dann etwas ändern, wenn Sie sich nicht mehr im Dunkeln verstecken. Es ist harte Arbeit, Verbindungen zu kultivieren, die Glück und Sinn in unser Leben bringen. Aber Sie können es schaffen.

Ein Gespräch mit U.S. Surgeon General Dr. Vivek Murthy

Dr. Ruth Westheimer: In diesem Buch habe ich auch einiges über meinen eigenen Kampf gegen die Einsamkeit berichtet. Es wird meine Leserinnen und Leser vielleicht überraschen, dass auch Sie unter Einsamkeit gelitten haben. Zu bestimmten Zeiten in Ihrem Leben haben Sie allein gelebt und manchmal tagelang keinen Menschen persönlich getroffen. Wie haben Sie wieder angefangen, Verbindungen aufzubauen?

Dr. Vivek Murthy: Ich habe wieder angefangen, indem ich meine Interaktion mit anderen zielgerichteter gestaltet habe. Ich bin proaktiv auf Freunde und Familienmitglieder zugegangen, selbst wenn es nur fünf Minuten waren, in denen ich ihnen sagte, was ich über sie dachte. Außerdem habe ich dafür gesorgt, dass die Zeit, die wir zusammen verbrachten, wirklich zählte, indem ich ihnen meine volle Aufmerksamkeit widmete. Das ist mir nicht immer so gut gelungen, aber ich habe mir wirklich Mühe gegeben. Und ich habe darauf geachtet, Freunden und Freundinnen zu helfen oder sie zu unterstützen, wenn sie das brauchten. Dabei habe ich festgestellt, dass es mir guttat, anderen zu helfen. Ich kam auf diese Weise heraus aus meinem abgeschlossenen Kokon und spürte wieder, dass ich der Welt etwas Wertvolles zu geben hatte.

RW: Mein Buch legt hundert Ideen und Gelegenheiten auf den Tisch, um erfüllende Beziehungen aufzubauen. Was denken Sie, was ist der erste Schritt, den Menschen gehen sollten, um sich weniger einsam zu fühlen?

VM: Es muss nicht kompliziert sein, Verbindungen aufzubauen und zu pflegen. Sie können so anfangen, dass Sie sich jeden Tag ein paar Minuten nehmen, um auf jemanden zuzugehen, der Ihnen etwas bedeutet. Bringen Sie Ihre Dankbarkeit zum Ausdruck, bieten Sie Unterstützung an, bitten Sie um Hilfe. Diese kleinen Schritte können einen großen Unterschied ausmachen und Ihnen helfen, sich wieder verbunden zu fühlen. Außerdem fördern Sie Ihre Gesundheit und Ihr allgemeines Wohlbefinden.

RW: Viel zu viele Menschen scheuen sich zuzugeben, dass sie sich abgetrennt und allein fühlen. Ich versuche, diese Scham in meiner Arbeit als Ambassador to Loneliness zu bekämpfen. Was tun Sie als U.S. Surgeon General, um dieses große Tabu anzugehen?

VM: Ich habe mein ganzes Leben lang selbst mit Einsamkeit gekämpft und kenne auch dieses Gefühl der Scham. Inzwischen habe ich einen Ratgeber gegen Einsamkeit und Isolation herausgegeben, um ein breiteres öffentliches Gespräch über eine Erfahrung anzustoßen, die Millionen von uns betrifft, über die aber kaum jemand offen spricht. Kürzlich habe ich eine Tour durch verschiedene Colleges beendet, bei der ich mit jungen Leuten über das Gefühl des Abgetrenntseins gesprochen habe – und über Schritte, die wir unternehmen können, um ein Leben in mehr Verbundenheit zu führen. Indem wir offener über Einsamkeit sprechen, können wir einander helfen zu verstehen, dass wir mit diesem Gefühl nicht allein sind.

RW: Die Amerikaner sind heute im Schnitt einsamer als je zuvor. Was hat Sie dazu bewogen, die Einsamkeit zur Epidemie zu erklären? Das Problem ist doch nicht erst mit COVID entstanden, oder?

VM: Einsamkeit und Isolation wurden durch die COVID-Pandemie verschlimmert, sind aber schon seit vielen Jahren weit verbreitete Probleme. Ich habe gehandelt, weil ich mir Sorgen über die schieren Zahlen von Amerikanern machte, die in ihrem Leben ein solches Gefühl des Abgetrenntseins erleben. Und weil ich mir des Ernstes der Lage bewusst bin. Ich wollte die Menschen wissen lassen, wie weit verbreitet das Problem ist und welche gravierenden Folgen es für unsere körperliche und mentale Gesundheit hat. Soziale Isolation erhöht das Risiko für Depressionen und Angststörungen, aber auch für Herz-Kreislauf-Erkrankungen, Demenz und vorzeitigen Tod.

RW: Was hat sich verändert, nachdem Sie den Ratgeber herausgegeben hatten?

VM: Inzwischen haben Städte, Organisationen, Gruppen und Schulen die Einsamkeitskrise ernsthaft angesehen und arbeiten daran, Verbundenheit zu stärken und Gemeinschaft aufzubauen. In Countys und Bundesstaaten wurden Strategien entwickelt, um Einsamkeit zu bekämpfen. Kongressabgeordnete arbeiten an politischen Maßnahmen zur Förderung sozialer Verbundenheit. Bildungsinstitutionen entwickeln Programme, um Schülerinnen und Schülern, aber auch Studierenden zu helfen, gesunde Beziehungen aufzubauen. Und viele religiöse Gruppierungen haben mir mitgeteilt, dass sie jetzt offener über Einsamkeit in ihren Gemeinden sprechen. Einsamkeit wird nicht nur in den Vereinigten Staaten als Problem anerkannt, sondern weltweit. Im letzten Jahr wurde ich zum stellvertretenden Vorsitzenden der *WHO-Commission on Social Connection* ernannt, die es sich zur Aufgabe gemacht hat, Einsamkeit weltweit zu bekämpfen.

RW: In meinem Buch geht es nicht so sehr um die körperlichen Folgen von Einsamkeit, doch mir ist klar, dass sie gravierend sind. Könnten Sie bitte erklären, was Ihnen die meisten Sorgen bereitet?

VM: Die gesundheitlichen Folgen von Einsamkeit reichen weit über die mentale Gesundheit hinaus und betreffen auch die körperliche Gesundheit. Soziale Isolation wird mit einem Anstieg der Sterblichkeit in Verbindung gebracht, der mit den Gefahren des täglichen Rauchens vergleichbar ist und die Risiken von Fettleibigkeit sogar übersteigt. Menschen, die dauerhaft einsam und sozial isoliert sind, haben außerdem ein größeres Risiko, an Diabetes zu erkranken oder einen Schlaganfall zu erleiden.

RW: Ich nutze die Verhaltenstherapie, um Menschen bei Schwierigkeiten in ihrem Sexualleben zu helfen. An welchem Punkt würden Sie einem Menschen, der sehr einsam ist, raten, professionelle Hilfe in Anspruch zu nehmen?

VM: Einsamkeit ist ein allgemein menschliches Gefühl, das wir alle von Zeit zu Zeit erleben. Wie Hunger und Durst ist es ein Signal, dass uns etwas Überlebenswichtiges fehlt. Doch wenn Einsamkeit sich über lange Zeit erstreckt, kann sie unsere Gesundheit und unser Wohlbefinden beeinträchtigen. Wenn das Einsamkeitsgefühl trotz großer Anstrengungen von Ihrer Seite nicht vergeht, wenn es Sie in Ihrem Alltag beeinträchtigt oder dazu führt, dass Sie darüber nachdenken, sich in irgendeiner Weise selbst Schaden zuzufügen, wäre das für mich ein Zeichen, dass Sie sich tatsächlich an einen vertrauenswürdigen Profi wenden sollten. Auf jeden Fall sollten Sie zunächst die Hilfe einer telefonischen Beratung in Anspruch nehmen.

RW: Sie haben erzählt, dass Sie sich nach Ihrer ersten Amtszeit als Surgeon General in der Obama-Administration besonders einsam fühlten. In der *New York Times* schrieben Sie:

> *Plötzlich riss die Verbindung zu all den Kollegen ab, mit denen ich den größten Teil meiner Tage verbracht*

hatte. Das wäre vielleicht gar nicht so schlimm gewesen, hätte ich nicht im Vorfeld einen entscheidenden Fehler begangen: Ich hatte meine Freundschaften vernachlässigt und gedacht, ich müsste mich auf meine Arbeit konzentrieren und hätte keine Zeit dafür.

Meine Frage an Sie: Haben Sie selbst einen persönlichen Ambassador to Loneliness ernannt? (Wie wichtig das ist, beschreibe ich im Kapitel zu Freunden und Geliebten.) Wer passt auf Sie auf, wenn Sie so viel arbeiten?

VM: Meine Frau merkt es meistens als Erste, wenn es mir schlecht geht. Außerdem verlasse ich mich auf meine Freunde Sunny und Dave, die ich regelmäßig anrufe, um mit ihnen über die Probleme zu sprechen, die mir besonders am Herzen liegen. Vor Jahren haben wir beschlossen, ein *Moai* zu gründen. Das ist, einer Tradition auf der japanischen Insel Okinawa folgend, eine kleine Gruppe von Menschen, die sich ausdrücklich verpflichten, einander den Rücken freizuhalten und sich gegenseitig zu beschützen. Mein *Moai* mit Sunny und Dave hat mein Leben tatsächlich verändert.

RW: Was gibt Ihnen Hoffnung, wenn wir alle zusammenarbeiten, um Menschen zu helfen, ein Leben mit mehr Sinn und Verbundenheit zu führen?

VM: Wir alle haben das Grundbedürfnis nach menschlicher Verbundenheit. Es ist wie ein roter Faden, der uns alle zusammenhält. Wohin ich auch komme, finde ich

Menschen, die darüber reden wollen, wie es uns gelingen kann, mehr Verbundenheit in unser Leben zu bringen. Ich habe Schulen, Unternehmen und Bürgermeister kennengelernt, die hart daran arbeiten, Programme zu entwickeln, die Menschen zusammenbringen und gesunde Beziehungen fördern. Ermutigt fühle ich mich auch durch die Tatsache, dass schon ein kleines bisschen mehr Verbundenheit hilft, Einsamkeit zu bekämpfen. Die mächtigsten Gegenmittel finden sich oft ganz in unserer Nähe: in unseren Familien, bei Nachbarn, Arbeitskolleginnen, Freunden. Auch wenn der Kontakt abgerissen ist, stellen wir immer wieder fest, dass die anderen genauso gern wieder Verbindung aufnehmen wie wir selbst.

Quellen und wichtige Adressen

Ich hoffe, Sie fanden und finden dieses Buch hilfreich. Um mehr zu erfahren über Einsamkeit und die Möglichkeiten, sie zu überwinden, besuchen Sie gern die Website meiner Co-Autorin Allison Gilbert, allisongilbert.com, auf der sie mehrere Listen mit Quellen zusammengestellt hat: Bücher, Artikel und Hinweise auf Organisationen, die soziale Isolation wissenschaftlich erforschen und Menschen helfen, wertvollere und erfreulichere Verbindungen aufzubauen.

Bücher

Einsamkeit ist mittlerweile ein beliebtes Diskussionsthema, und es gibt viele Bücher, die sich mit diesem drängenden Problem beschäftigen. Einige davon erwähne ich in diesem Buch, andere haben mir geholfen, besser zu verstehen, welche Faktoren für unser Lebensglück und den Aufbau bedeutungsvoller Beziehungen wichtig sind.

Über die Bücher hinaus, die ich bereits im Text erwähnt habe, sind noch viele andere sehr lesenswert. Hier eine kleine Auswahl:

Brooks, Arthur C. & Oprah Winfrey: *Build the Life You Want: The Art and Science of Getting Happier.* New York: Portfolio, 2023. [dt. Ausgabe: *Die Kunst und Wissenschaft des Glücklichseins: Leben Sie das Leben, das Sie sich wünschen.* Deutsch von Alfons Winkelmann. München: mvg 2023]

Cacioppo, Stephanie: *Wired for Love: A Neuroscientist's Journey Through Romance, Loss, and the Essence of Human Connection.* New York: Flatiron Books, 2022. [Dt. Ausgabe: *Warum wir lieben: Eine Neurowissenschaftlerin über Verliebtsein, Verlust und das, was uns verbindet.* Deutsch von Jochen Winter. Berlin: Ullstein, 2023]

Heng, Simone: *Let's Talk About Loneliness: The Search for Connection in a Lonely World.* Carlsbad, CA: Hay House, 2023.

Radtke, Kristen: *Seek You: A Journey Through American Loneliness.* New York: Pantheon, 2021.

Waldinger, Robert & Marc Schulz: *The Good Life: Lessons from the World's Longest Scientific Study of Happiness.* New York: Simon & Schuster, 2023. [Dt. Ausgabe: *The Good Life … und wie es gelingen kann. Erkenntnisse aus der weltweit längsten Studie über ein erfülltes Leben.* Deutsch von Ulrike Kretschmer. München: Kösel, 2023]

Wissenschaftliche Studien und Forschungsberichte

Soziale Isolation ist vielfach wissenschaftlich untersucht worden. Forschende analysieren die Gründe für ein Gefühl des Abgetrenntseins und die dramatischen Folgen für unsere körperliche Gesundheit und unser mentales Wohlbefinden. Sie untersuchen aber auch die Faktoren, die zu erfolgreichen und erfüllenden menschlichen Bindungen beitragen. Hier eine kleine Auswahl solcher Forschungsberichte und Studien, die ich bei der Recherche für dieses Buch herangezogen habe.

Boothby, Erica J. & Vanessa K. Bohns: »Why a Simple Act of Kindness Is Not as Simple as It Seems: Underestimating the Positive Impact of Our Compliments on Others«, *Personality and Social Psychology Bulletin* 47, 5 (2023), S. 826–840.

Epley, Nicholas & Juliana Schroeder: »Mistakenly Seeking Solitude«, *Journal of Experimental Psychology*: General 143, 5 (2014), S. 1980–1999.

Hall, Jeffrey A.: »How Many Hours Does It Take to Make a Friend?«, *Journal of Social and Personal Relationships* 36, 4 (2019), S. 1278–1296.

Murthy, Vivek H.: »Our Epidemic of Loneliness and Isolation: The U.S. Surgeon General's Advice on the Healing Effects of Connection and Community.« 2023. Surgongeneral.gov/connection

TheLi.st, BSG & Berlin Cameron: »10 Minutes to Togetherness, 2024 Research Report and Tool Kit.« Abgerufen am 12. Mai 2024. 10minutestotogetherness.com

Organisationen

Führende Experten und Organisationen, die sich mit dem Thema Einsamkeit beschäftigen:

Coalition to End Social Isolation and Loneliness
endsocialisolation.org

WHO Commission on Social Connection
Who.int/groups/commission-on-social-connection

Foundation for Social Connection
Social-connection.org

Global Initiative on Loneliness and Connection
gilc.global

Dr. Ruth
X: @AskDrRuth (wird seit Dr. Ruths Tod von Pierre Lehu fortgeführt)

Allison Gilbert
Instagram, Facebook, X und LinkedIn: @agilbertwriter
YouTube: @allisongilbert
Allisons monatlichen Newsletter können Sie über allisongilbert.com/subscribe abonnieren. Sie führt dort das Ge-

spräch über Einsamkeit fort und stellt weitere Strategien vor, mit deren Hilfe Verbindungen aufgebaut und gepflegt werden können. Außerdem finden Sie dort Updates über weitere Projekte, an denen sie schreibt. Ich empfehle diesen Newsletter sehr!

Auch wenn Sie uns per E-Mail erreichen wollen, sind Sie bei Allison an der richtigen Adresse. Wir freuen uns, Ihre ganz persönlichen Strategien kennenzulernen, mit denen Sie die Einsamkeit verbannen und ein glücklicheres, sinnvolleres Leben führen.

Connections@allisongilbert.com

Und sagen Sie es weiter: Wir freuen uns, von Ihnen zu hören!

Dr. Ruth K. Westheimer – wichtige Lebensdaten

1928	Karola Ruth Siegel wird in Wiesenfeld, Deutschland, geboren.
1939	Mit zehneinhalb Jahren mit einem Kindertransport Flucht in die Schweiz, um den Nazis zu entkommen. Von da an bis zum Ende des Zweiten Weltkriegs lebt sie in einem Waisenhaus in Heiden, Schweiz.
1945	Auswanderung nach Palästina, nimmt ihren zweiten Vornamen Ruth als Rufnamen an.
1948	Schwer verletzt bei einer Bombenexplosion an ihrem 20. Geburtstag
1956	Auswanderung in die USA; reist mit dem Schiff *Liberté* von Frankreich nach New York.
1957	Geburt der Tochter Miriam (Bommer) Westheimer
1959	Masterabschluss in Soziologie (The New School)
1961	Heirat mit Fred Westheimer
1963	Geburt des Sohnes Joel Westheimer
1970 bis 1979	Dr. in Erziehungswissenschaft am Teachers College der Columbia University, Studium der Sexualtherapie und Eröffnung einer Privatpraxis

1980	Beginn der Rundfunkkarriere mit einer zunächst aufgezeichneten Sendung auf WYNY-FM unter dem Titel *Sexually Speaking*, ab 1981 als Livesendung mit Höreranrufen
1981 bis 1990	Die Radiosendung läuft landesweit und erlangt Kultstatus. Ruth K. Westheimer tritt häufig in Late-Night-Shows im Fernsehen auf, schreibt Bücher (dies ist Nummer 46), moderiert verschiedene Sendungen im Kabelfernsehen, gelangt aufs Titelbild der Zeitschrift *People* und hält weltweit Vorträge.
1997	Fred Westheimer stirbt.
2000 bis 2022	Weiterhin Vorträge und Auftritte, Lehrtätigkeit in Yale und Princeton, weitere Bücher. Das Theaterstück *Becoming Dr. Ruth* und die Dokumentation *Ask Dr. Ruth* beschäftigen sich mit ihrem Leben.
2023	Ernennung zur Ambassador to Loneliness durch Kathy Hochul, Gouverneurin des US-Bundesstaates New York.
2024	Dr. Ruth K. Westheimer verstirbt am 12. Juli; das Buch *Vom Glück der Verbundenheit* erscheint postum.

Dank

Von Dr. Ruth

Dieses Buch ist dem Andenken an meine ganze Familie gewidmet, die im Holocaust ermordet wurde. Und natürlich auch dem Andenken an meinen verstorbenen Ehemann Fred, der mich in all meinem Tun bestärkt hat. Ich danke meiner heutigen Familie: Meiner Tochter Miriam Westheimer, EdD; meinem Schwiegersohn Joel Einleger, MBA; ihren Kindern Ari und Leora, JD, und Leoras Ehemann Elan Kane. Meinem Sohn Joel Westheimer, PhD; meiner Schwiegertochter Barbara Leckie, PhD; und ihren Kindern Michal und Benjamin. Ich habe die besten Enkelkinder auf der ganzen Welt!

Mein Dank gilt auch den vielen Familienmitgliedern, Freunden und Freundinnen, die mein Leben so sehr bereichern. Es würde ein ganzes Kapitel brauchen, sie alle auch nur aufzulisten, doch ein paar müssen unbedingt erwähnt werden: Pierre Lehu und ich haben inzwischen bei zwei Dutzend Büchern zusammengearbeitet. Er ist der beste Kommunikationsminister, den ich mir vorstellen kann. Und Allison Gilbert ist eine großartige Reporterin und Autorin; ich bin sehr froh, sie als Mitarbeiterin und Freundin gefunden zu haben.

Es gibt noch so viele, denen ich Dank schulde: Mein Nachbar Maestro Erik Ochsner, der mich seit meiner Krankheit zwei Mal am Tag besucht, und sein Partner Masataka Suemitsu. Mein langjähriger Freund, Vorstandskollege und Rechtsbeistand Jeff Tabak, Esq., und Marilyn Tabak. Mein Assistent Cliff Rubin und alle meine Hilfen, beginnend mit Shkurte Tonaj, die seit mehr als fünfzehn Jahren bei mir ist, aber auch Tameka McLeod, Marcia Brown und Arlene Wedderburn. Larry Angelo; Dr. Peter Banks; Peter Berger, MD; Simon und Stefany Bergson; Nate Berkus; David Best, MD; Tom Chapin; Frank Chervenak, MD; Richard Cohen, MD; Martin Englisher; Cynthia Fuchs Epstein, PhD; Nily Falic; Tovah Feldshuh; John Forster; meine ehemaligen Nachbarn und Freunde Raul Galoppe und Michael Berra; Meyer Glaser, PhD; David Goslin, PhD; Herman Hochberg; David Hryck, Esq.; Annette Insdorf und Mark Ethan; Steve Kaplan, PhD; Rabbi Barry Dov Katz und Shoshi Katz; Bonnie Kaye; Patti Kenner; President Jack Kliger und alle anderen Vorstandsmitglieder und Mitarbeitenden am Museum of Jewish Heritage, nicht zuletzt Haley Coopersmith; Harold Kopliwicz, MD, und Linda Sirow; Robert Krasner, MD; Nathan Kravetz, PhD; Marga Kunreuther; Dean Stephen Lassonde; Matthew und Vivian Lazar; Rabbi und Mrs William Lebeau; Rosemary Leckie; Hope Jensen Leichter, PhD; Judy Licht; Jeff und Nancy Jane Loewy; John und Ginger Lollos; Sanford Lopater, PhD, und Susan Lopater; David Marwell; Marga Miller; Jeff Muti; Peter Niculescu; Walter und Debbie Nothmann; Dale Ordes; Frank Osborn; Rabbi James und Elana Ponet; Leslie Rahl; Bob und Yvette Rose; Debra

Jo Rupp; Larry und Camille Ruvo; Rose Schreiber; Daniel Schwartz; Amir Shaviv; David Simon, MD; John Silberman, Esq.; Jerry Singerman; Mark St. Germain; Henry und Sherri Stein; Malcolm Thomson; Maurice Tunick.

Mein besonderer Dank gilt Kathy Hochul, Gouverneurin des Bundesstaates New York; New York State Senator Liz Krueger; U.S. Surgeon General Dr. Vivek Murthy; unserem fabelhaften Agenten Peter Steinberg und seinem Assistenten Harry Sherer; Allen bei Rodale Books und Penguin Random House, die so hart gearbeitet haben, um dieses Buch in die Welt zu bringen: Matthew Benjamin, Mia Pulido, Kelly Doyle, Christina Foxley, Keilani Lum und Cindy Murray.

Von Allison

Mein größter Dank gilt, wenig überraschend, Dr. Ruth Westheimer. Wir haben uns zum ersten Mal getroffen, als ich für die *New York Times* über ihre Ernennung zur Ambassador to Loneliness des Bundesstaats New York berichtete. Mehr als ein Jahr ist seit diesem ersten Treffen vergangen, und ich übertreibe nicht, wenn ich sage, dass sie – nachdem wir seither fast jede Woche zusammen waren – eine meiner wertvollsten Bekannten geworden ist. Es ist mir eine Ehre, dass sie mir dieses Projekt anvertraut hat, und ich fühle mich absolut gesegnet, dass sie mich in ihre weite Definition von Familie aufgenommen hat. Ruth gibt jedem, den sie kennt, auch mir, das Gefühl, etwas Besonderes zu sein.

Meine Dankbarkeit gilt auch Pierre Lehu, mit dem mich eine wunderbare Zusammenarbeit verbindet. Sein Know-how war eine ungeheure Hilfe. Und unser gemeinsamer Schreibprozess brachte nicht nur ein bahnbrechendes Buch über den Kampf gegen Einsamkeit und für neue Zusammengehörigkeit hervor, sondern auch eine neue Freundschaft, für die ich ganz besonders dankbar bin. Was für ein Glück, dass Kate Buford und Tovah Feldshuh uns einander vorgestellt haben.

Ich will hier nicht sämtliche Namen wiederholen, die Dr. Ruth bereits aufgezählt hat, doch vor einigen wenigen muss ich mich nun einmal selbst verbeugen. Mein tiefer Dank geht an Joel und Miriam Westheimer und ihre Familien, die mich mit ungeheurer Freundlichkeit in Empfang nahmen und unermüdlich unterstützten. Und an Peter Steinberg, meinen Literaturagenten bei UTA: Dass er sofort an dieses Buch glaubte und es so tatkräftig unterstützte, war atemberaubend. Ich bin froh über die Unterstützung durch ihn und sein fantastisches Team. Und schließlich muss ich noch unseren Lektor Matthew Benjamin nennen, der dieses Buch mit so viel Engagement und Sorgfalt gemeistert hat. Danke für klugen Rat und klare Gedanken. Jede Seite wurde besser, weil es ihn gab.

Ein Dank geht auch an alle Experten und Autoren, die so sehr zu diesem Buch beigetragen haben, entweder direkt oder durch Quellen und Ratschläge. Dies gilt nicht zuletzt für U.S. Surgeon General Dr. Vivek Murthy, Judy Blume, Adam Grant, Dan Harris, Sunny Hostin, Gretchen Rubin, Wayne Baker, Cheryl Baker, Daniel Greenberg, Jeffrey Hall, Ryan Jenkins, Steven Van Cohen, Gregory Rose, Derek Penslar, Tom Worcester, Rob Maloney, Quill Kukla, Joseph Stramondo, Rabbi David Holtz, Ann Shoket, Sherry Turkle, Richard Weissbourd und Julianne Holt-Lunstad. Und ich möchte mich auch noch sehr bei Traci Doromal, Katie Dealy, Jane Richter und Rocio Cruz bedanken.

Besondere Anerkennung geht an Abby Santamaria, Heather Clark und Laurie Gwen Shapiro – liebe Freundinnen, die mit mir bei einem lärmenden Abendessen saßen, als die Saat dieses Buches anfing auszutreiben. Ebenso an Lisa Belkin, Christina Baker Kline, Laura Mazer, Eve Kahn, Amy Reading, Carla Kaplan, Christine Cipriani und Sara Catterall, die mich immer wieder hochziehen und mir das Gefühl geben, gesehen und geschätzt zu werden. Sehr dankbar bin ich auch Bill Ferguson von der *New York Times.* Ohne unsere Zusammenarbeit an dem Artikel »Dr. Ruth Saved People's Sex Lives. Now She Wants to Cure Loneliness« würde dieses Buch vielleicht gar nicht existieren. Ich habe mehr als einmal sehr von Bills Kunst und Expertise profitiert und bin darüber sehr froh.

Ein dankbarer Gruß an meine liebsten Freundinnen und Freunde seit der Grundschule – Kristin Brandt, Betsy Cadel, Tracy Costigan Brooke Edgecombe, Nancy Friedman, Tanya Hunt, Holly Rosen Fink, Rachel Lehmann-Haupt, Carley Knobloch, Deniz Ayaz Mullis, Jen Ross und Janet Rossbach: Ihr macht mein Leben in allen wichtigen Bereichen größer und schöner.

Und schließlich meine Familie: Mark, mein Ehemann und bester Freund, seit wir uns im Sleepaway Camp trafen, und Jake und Lexi, unsere schlauen, freundlichen und liebenswerten Kinder. Ich wünsche euch ein Leben lang Beziehungen, die euch Freude machen und das Gefühl geben, ganz und heil zu sein. Ihr drei seid meine wichtigsten Verbindungen.

Von Pierre

Ich danke meiner engsten Familie, die mich so sehr unterstützt hat, seit meine geliebte Frau Joanne Seminara von uns gegangen ist: Mein Sohn Peter Lehu, meine Schwiegertochter Melissa Sullivan und meine Enkel Jude und Rhys. Meine Tochter Gabrielle Frawley, mein Schwiegersohn Jim Frawley, meine Enkelin Isabelle und mein Enkel James Joseph. Ich danke allen Freunden und Verwandten, die mir geholfen haben, meine eigenen Einsamkeitsgefühle zu überwinden. Das gilt auch für den ganzen Seminara-Clan, Peter Zagare und Gali Neufeld.

Ein besonderes Dankeschön an alle, die dieses Buch möglich gemacht haben, beginnend mit unserem Agenten Peter Steinberg, dessen eigene Verbindungen uns blitzschnell einen Vertrag sicherten, und seinem Assistenten Harry Sherer. Danke auch allen bei Rodale Books, deren Arbeit dieses Buch erst möglich machte: Matthew Benjamin, Mia Pulido, Kelly Doyle, Christina Foxley, Keilani Lum und Cindy Murray. Und meiner Mitspielerin, mit der ich so viele Stunden Hand in Hand arbeitete – oder soll ich besser sagen, Maus in Maus –, während wir formulierten, schrieben und auch noch den letzten kleinen

Fehler beseitigten. Liebe Allison Gilbert, danke, danke, danke! Ohne Allisons Disziplin wäre dieses Buch deutlich weniger hilfreich für unsere Leserinnen und Leser.

Und natürlich geht mein größter Dank an Dr. Ruth Westheimer, deren Minister of Communications ich seit 1981 sein durfte. Wie auch immer es ihr selbst ging, Sie fand Wege, um Menschen zu helfen, ihre Probleme zu lösen. Auch wenn es dafür des einen oder anderen Westheimer-Tricks bedurfte.